Thomas Mann

Rüdiger Görner / Kaltërina Latifi

Thomas Mann

Ein Schriftsteller setzt sich in Szene

wbg THEISS

Die Deutsche Nationalbibliothek verzeichnet diese Publikation in der Deutschen Nationalbibliografie; detaillierte bibliografische Daten sind im Internet über http://dnb.d-nb.de abrufbar.

wbg THEISS ist ein Imprint der wbg.

Die Herausgabe des Werkes wurde durch die Vereinsmitglieder der WBG ermöglicht.
Satz: Melanie Jungels, TYPOREICH – Layout- und Satzwerkstatt, Nierstein
Gedruckt auf säurefreiem und alterungsbeständigem Papier
Printed in Europe

Besuchen Sie uns im Internet: www.wbg-wissenverbindet.de

ISBN 978-3-8062-4247-8

Inhalt

„Das Aussuchen verlangter Photographien machte
mir Rückenschmerzen."

Thomas Mann, Tagebucheintrag vom 21. VI. 1946

Perspektivische Belichtungen eines Lebens

Das Porträt als Medium der Selbstdarstellung

Zeit seines Lebens nahm Thomas Mann sich beim Wort und verstand gleichzeitig, sich ins Bild zu setzen. Resultierte dieses Sich-beim-Wort-Nehmen in einem Lebenswerk, das Weltliteratur wurde, haftet seiner Arbeit am diaristischen wie optischen Selbstbild der Geschmack des Affektierten an, des allzu offensichtlichen Wunsches, sich buchstäblich ins rechte Licht rücken zu wollen. Und genau davon will dieser Band augenscheinliche Belege liefern und die Frage nach der Bedeutung dieser Selbstinszenierung im Leben und Schaffen dieses Weltautors untersuchen. Ob es nötig ist, deswegen Thomas Mann sogleich zum Medienstar zu erklären und dessen Verständnis von kultureller Repräsentanz in einem von ihm entscheidend beförderten Starkult aufgehen zu sehen, bleibe als eine letztendliche Frage des Geschmacks dahingestellt.

Es geht hier demnach um die Optik Thomas Manns – in ihren Konstanten und Wandlungen –, die seine Sicht auf sich selbst bedingte und ergab. Dass sich daraus auch Schlüsse für seine Erzählperspektiven ziehen lassen, liegt zumindest nahe. Hinweise darauf werden sich nachfolgend finden, ohne dass sie im Rahmen dieser Selbstbilddokumentation in ihrer künstlerischen Bedeutung im Einzelnen näher ausgeführt werden können.

Anders als im Fall seiner Tagebücher hat Thomas Mann, soweit bekannt, den immensen Bestand an Photographien von sich und seiner Familie unversehrt gelassen. Ein Autodafé wie mit seinen frühen Tagebüchern hat er mit den Photographien nicht veranstaltet. Wenn wir mit diesem Band nun das Augenmerk des betrachtenden Lesers wie lesenden Betrachters auf die Porträts Thomas Manns lenken, dann vor allem, um Formen der von ihm offenbar gewünschten Selbstdarstellung zu dokumentieren. Die frühen Porträts entstanden zu einer Zeit, als Photographen sich noch „Lichtbildner" nannten, eine glückliche, eine treffliche Bezeichnung, weil in ihr noch der Wille zum Plastischen im scheinimmateriellen Lichtmedium der Darstellung oder bloßen Repräsentation zum Ausdruck kommt.

Repräsentation oder Darstellung – das ist tatsächlich die ästhetische Grundfrage, die diesen Photographien zu Grunde liegt. Dass Thomas Mann, der selbsterklärte „Ohrenmensch", über einen ausgeprägten optischen Sinn verfügte und damit die Funktions- und Wirkungsweise der Bildmedien sehr genau einzuschätzen wusste, darf inzwischen als bekannt gelten. Bildliche Selbstinszenierung, der wachsende Wille zur

Repräsentation bei Thomas Mann, gepaart mit seinen unbestreitbar schauspielerischen Fähigkeiten, die er nicht zuletzt beim Vortrag eigener Werke zu voller Geltung brachte, sie stehen scheinbar im Gegensatz zu dem im Vergleich mit Bruder Heinrich eher ausgeprägten Hang zu den Verhaltensvorgaben eines (groß-)bürgerlichen Lebensstils. Exaltationen lagen ihm fern, genauer gesagt: Er hatte sie gewöhnlich verinnerlicht, bevor sie zum Durchbruch kamen, um sie auf seine Charaktere zu verlagern.

Die Zeugnisse eines zumeist in den photographischen Blick genommenen Thomas Mann, die nachfolgend zu sehen sind, belegen zweierlei: zum einen die auffallende Vielgesichtigkeit dieses Schriftstellers, zum anderen die Tatsache, dass diese Bilder vom Selbst entscheidend zur „ästhetischen Rechtfertigung" seines Daseins im Sinne Nietzsches gehören. Man wird diese Vielgesichtigkeit nicht unbedingt Maskenhaftigkeit nennen wollen und diese bildästhetische Selbstrechtfertigung nicht vorbehaltlos Schauspielerei; denn dahinter verbarg sich etwas durchaus Anderes, wesensmäßig Eigenes, was unser Band aufspüren will. In diesen Photographien manifestierte sich eben auch die Position des Schriftstellers in der Gesellschaft, ein Thema, dem sogar ein später Versuch Thomas Manns gelten sollte.

Zwiespältiges

Das Porträtiert-Werden blieb Thomas Mann bis zuletzt. Noch am 20. Juli 1955 während seines letzten Aufenthalts am Meer in Noordwijk – er hatte gerade die Arbeit an seinem Vorwort zu Meistererzählungen der Weltliteratur, namentlich zu Herman Melvilles *Billy Budd* abgeschlossen –, als aus seinem Hotelzimmer urplötzlich, über Mittag, sein Krankenlager geworden war, noch für diesen Nachmittag hatte sich der Porträtzeichner Paul Citroen angesagt. Erika Mann schildert die Szene in ihrem „Bericht über meinen Vater" *Das letzte Jahr*:

> Einer kleinen Sammlung von Porträt-Skizzen, die [Citroen] im Laufe der Jahre von T[homas] M[ann] gemacht hatte, hoffte er heute eine weitere hinzuzufügen. Sollte man dem Maler absagen?
>
> Mein Vater sah dazu keinen Anlaß. Eigentlich krank, meinte er, sei er ja nicht, und wenn denn Citroen ihn zeichnen wolle, obwohl er im Bett liege, so finde er nichts dagegen zu erinnern.
>
> […] Citroen kam. Die Kohlezeichnung, die er diesmal anfertigte, erwies sich als sein mit Abstand gelungenster Versuch – hinsichtlich dieses Vorwurfs. Nur die Unterlippe ist (rechts) seltsam verzeichnet, so als habe das Modell einen Teil der Oberlippe über sie gezogen oder beiße darauf. Der Kopf, – ernst und schmal, mit halb niedergeschlagenem, nach innen gekehrtem Blick, stellt das letzte Abbild dar, das von meinem Vater vor seinem Tode entstand und ist – von Photographien abgesehen – wohl das beste, das wir haben.[1]

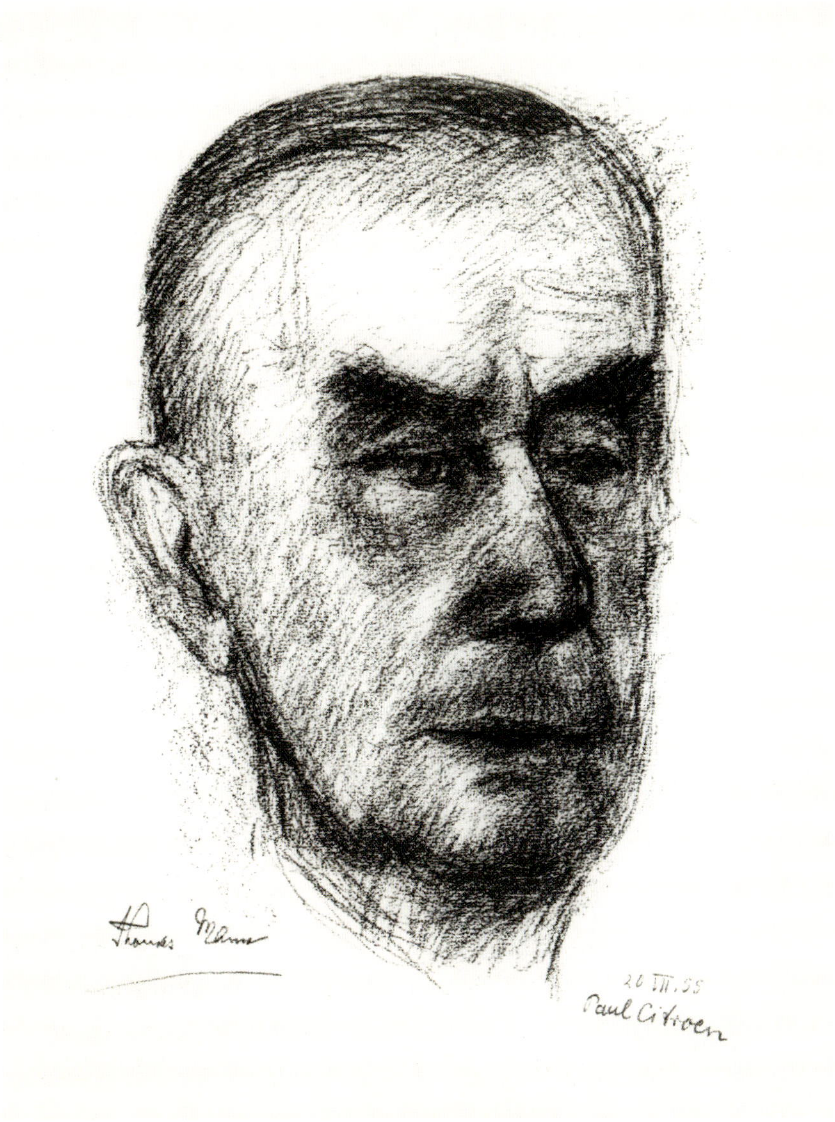

Paul Citroen,
Kohlestiftzeichnung
Thomas Mann 1955.

Paul Citroen, ein Maler und Graphiker, hatte mit Paul Klee und Wassily Kandinsky am Bauhaus studiert, seit 1927 in den Niederlanden gelebt und lehrte schon zwei Jahre später an der dortigen königlichen Kunstakademie. Schon acht Jahre zuvor hatte er Thomas Mann, „am Strande von Noordwijk schreibend", wiederholt gezeichnet, nach Ansicht des Porträtierten jedoch „nicht sehr glücklich".

Porträtisten bereitete offenbar Thomas Manns Mundpartie in vorgerückten Jahren Schwierigkeiten. Das traf auch für Wolf Ritz zu, der das letzte – und aufs Ganze gesehen wohl bedeutendste – Ölporträt von Thomas Mann nach zahlreichen Sitzungen in Kilchberg (Oktober 1954) und in Travemünde (Mai 1955) geschaffen hatte.
In Kilchberg vermerkte Thomas Mann diverse „ermüdende" Sitzungen mit Ritz, zunächst meist mit „unerfreulichem Ergebnis". Doch konnte er dann im Tagebuch am 21.X.1954 vermerken: „Nach Tische 1 ½ stündige Sitzung für Maler Ritz. Das Bild fertig und wirklich recht gut, nur etwas zu unheiter. Bin doch erfreut über diese Ver-

ewigungen, die gut in dies Jahr passen." Doch ganz ‚fertig' war das Porträt dann noch immer nicht: „Nach Tisch Schlußsitzung für das Bild. Der Mund nun etwas gelockert. Sehr zufrieden." Dieses Lob war noch steigerungsfähig, nachdem der Mund entsprechend ‚gerichtet' war. In Travemünde quittiert Thomas Mann, „sein Portätist", Wolf Ritz, habe ihn „nur zu ähnlich" geschaffen – „mit Beifall, zum freundlichen Gedenken."[2]

Doch auch das gab es in späten Jahren: „Lästige Begegnung mit dem Maler X, der in Erlenbach war und ein Bild von mir nach der Erinnerung und nach Photos gemacht hat." Es handelte sich hierbei um Ernst Morgenthalers Porträt aus Anlass der Faksimile-Ausgabe der Erzählung *Die Betrogene*. Was genau an der Begegnung „lästig" war, ob die Person des Porträtierenden oder sein Porträt, bleibe dahingestellt. Bezeichnend aber ist, dass die Irritation mit dem Vorgang des Porträtiert-Werdens bei Thomas Mann nicht abnahm. Favorisierte er deswegen Photographien, das mit „Licht

Wolf Ritz, Thomas Mann Porträtgemälde 1954.

gezeichnete“ Ebenbild, ein bedeutsamer Wortsinn, der durch die in der deutschen Rechtschreibung neu ‚geregelte‘ Form als ‚Fotografie‘ einfach getilgt wird und der daher hier in seiner ursprünglichen Form und etymologisch erkennbaren Verweisfunktion erhalten bleibt? Das Bild von Thomas Manns Verhältnis zur Photographie ist gleichfalls uneinheitlich. Zuweilen half ein homoerotischer Anflug. In Kilchberg notiert er am 16. Dezember 1954, knapp zwei Monate nachdem Maler Ritz den Mund des Schriftstellers „etwas gelockert“ hatte: „Gestern hübscher junger Schweizer Photograph, dem ich gern in die Augen sah.“

Doch waren weder die schönen Augen eines jungen Photographen noch das Erfreuliche eines bestimmten Anlasses für Aufnahmen eine Garantie für ungeteilte Freude. Anfang 1955 vermerkt das Tagebuch: „Gestern zum Thee Prof. Emrich aus Köln, der Album mit Photographieen von meinem dortigen Aufenthalt überbrachte. Ich mag mich nicht sehen. Müßte anders ausschauen.“ Seltsam mutet oft die Nachbarschaft an, in die eine Form von Dargestellt-Werden bei Thomas Mann geraten kann. Kaum hatte er sich in Zürich-Erlenbach nach seiner Übersiedlung von Pacific Palisades neu installiert, trägt er im Tagebuch ein: „Auffinden meiner Büste und der guten Papierkörbe aus P. P.“ Die eigene Präsenz in der Öffentlichkeit durch Porträts aller Art gewann für Thomas Mann über Jahrzehnte hinweg einen ganz eigenen Reiz, der sich gewissermaßen neben die Sorge um seine literarische Öffentlichkeitswirkung schob. Dass zuletzt gerade in Ostdeutschland Straßen nach ihm benannt wurden, rührte ihn ebenso wie ihn diese Vorstellung beschäftigte: „Nachdenken über die Aufstellung meiner Büste in Stein auf einem städtischen Platz in Deutschland. Dauer in Sonne, Regen und Schnee. Eigentümlich beruhigend über den Tod und die Existenz festigend.“ Man erinnert dabei die oben zitierte Bemerkung zum Ritz-Porträt: „Bin doch erfreut über diese Verewigungen, die gut in dies Jahr passen.“ Gemeint war die Zeitspanne, die zum achtzigsten Geburtstag führte, ominöse Vorahnungen womöglich verdrängend.

Zur Büste werden

Die Büste als das plastisch geschaffene Ding von einem selbst – diese Form der Selbst-Präsentation hatte für Thomas Mann, wie die Tagebücher belegen, einen Eigenwert. Er ist mit zu bedenken, wenn hier hauptsächlich von Photographien und Porträtskizzen die Rede ist; denn die Büste macht den Dargestellten buchstäblich ‚angreifbar‘. Der Kult mit der Büste – ebenso ein antikes Relikt wie ein solches des 19. Jahrhunderts – man denke allein an das Gedächtnisprojekt ‚Walhalla‘ – spielt unmittelbar in die ersten überlieferten Tagebuchreflexionen Thomas Manns zu dieser Darstellungsform, virtuos praktiziert von Hans Schwegerle, dem bedeutenden Münchener Bildhauer, der sich als Erbe der reichen Büstentradition in der bayerischen Hauptstadt sah und dem Thomas Mann erste künstlerisch wertvolle Büstendarstellungen seiner Person verdankte. Bei den folgenden Tagebucheinträgen achte man auf das Datum: Im unmittelbaren Umfeld der November-Revolution ist das Thema ‚Büste‘ für Thomas Mann von nahezu gleichrangigem Wert wie die politischen Ereignisse des Tages. Ja, es heißt, eben den berühmten Goethe'schen „Forderungen des Tags“ auch dadurch gerecht zu werden, dass man auf das achtet, was die Selbstrepräsentanz durch Andere angeht. Zu den Eindrücken in Schwegerles Atelier notiert Thomas Mann:

> 4.XI.18: War von meiner Büste, die ich so lange nicht gesehen, doch sehr ergriffen. Sie ist wahrlich getroffen, und eine Menge Leiden liegt in dem Gesicht, das so außer mir zu sehen, mich erschüttert. Aber er will den Kopf noch einmal machen.
>
> 13.XI.18: War mittags bei Schwegerle, dem ich wieder saß. Er hat einen neuen Kopf natürlicher Größe begonnen.
>
> 16.XI.18: Mittags Sitzung bei Schwegerle. Der zweite Kopf, in natürl. Größe, wird immer intimer u. ähnlicher.

War man einmal für die mittlere Ewigkeit ‚gebüstet', ergaben sich entsprechende Verwandtschaften. So befindet Thomas Mann mit Bezug auf den Luther-Kopf nur drei

Emma Cotta, Porträtbüste Thomas Mann (1929).

Hans Schwegerle, Thomas Mann Porträtbüste (1930).

Tage später: „Habe große Freude an dem konzentrierten, jugendlichen Manneskopf, der bei elektrischem Licht fast Bronce-Reflexe zeigt."

Dieses Vergleichsmoment blieb ihm. Noch am 5. Januar 1946 vermerkt er nicht ohne spürbare Genugtuung: „In Time Magazine ausführlicher Bericht über ‚Germany and the Germans' nach der Yale Review Wiedergabe mit Bildern von – Luther und mir." Leitmotivisch wurde auch der Selbstvergleich mit Goethe. Als er Ende April 1949 eine Goethe-Ausstellung an der Universität von Chicago besucht und mit seinem Goethe-Vortrag eröffnet, versäumt er nicht im Tagebuch festzuhalten, dass er mit der Büste Goethes von Photographen aufgenommen wurde. Diese Aufnahmen stehen dann aber im Tagebuch unmittelbar im Zusammenhang mit jener „Lungen-Photographie", die zur Nachuntersuchung im berühmten Billings Hospital gehörte, wo er sich drei Jahre zuvor und mitten in der Arbeit an *Doktor Faustus* einer schweren Lungenoperation hatte unterziehen müssen.

Hans Blumenberg sah in den episodischen Abschnitten von Thomas Manns Tagebüchern das Prinzip der „gesteigerten Wiederholung" am Werk; sie sei nicht nur „Formel für eine literarische Machart" gewesen, sondern sei anzusehen als „Verfassung von Erlebnisfähigkeit" – und, dürfen wir ergänzen, Selbsterfahrung. In der Photographie führte er sich das Verbildlichen von Selbstwiederholung vor. Es war die Bildarbeit am eigenen Mythos.

Selbstverdoppelung

Bilder haben die Tendenz, zum Material für persönliche Mythen zu werden. Politisch gewendet, spricht man in diesem Zusammenhang von Persönlichkeitskult, wie er in Monarchien und Diktaturen praktiziert wurde und wird; im Medienzeitalter findet er seine Entsprechung im Starkult der Pop-Szene. Im (photographischen) Bild zeigt sich das im Leben Gebildete und Gereifte und das immer auch als (Selbst-)Inszenierung. Das erfolgt jedoch als Momentaufnahme auch dann, wenn sie das Ergebnis mehrerer Versuche war oder im Fall von Porträtzeichnungen oder -gemälden mehrerer Sitzungen. Was dann jeweils zu sehen ist, gleicht einem in hohem Maße personalisierten, programmatisch individualisierten Zeitextrakt. Punktuell fallen im Porträt – ob gezeichnet, gemalt oder photographiert – Zeitmoment und persönliches Ausdrucksmoment zusammen.

Verbildlichungen des Einzelnen setzen Perspektiven, Sichtweisen auf ihn voraus; das Medium des Apparats, der Kamera erfordert zudem entsprechende optische Einstellungen des Geräts, um die gewünschte Positionierung und Perspektivierung zu erreichen. Die Linse der Kamera, der Belichtungsmesser, die (einstige) Filmrolle mit ihren zu entwickelnden Negativen entsprechen dem Stift, Pinsel, Palette und Leinwand. Bild- und Photorand konvergieren in ihrer Aufgabe, den Blick auf das dargestellte oder abgebildete Individuum zu begrenzen. Die Aura der Bildpersönlichkeit beginnt dann jenseits des Randes.

Jean Starobinski hat in seiner Studie *Porträt des Künstlers als Gaukler* gezeigt, dass diese betonte Präsenz von Clowns, Pierrots und Harlekins in Gemälden und

Dichtungen seit ungefähr 1830 bis zu Picasso und Henry Miller Ausdruck künstlerischer Selbstkritik gewesen war: Der Künstler erkannte sein Gauklertum, das den Geniekult, wenn nicht ablöste, so doch relativierte. Das schloss zwar den genialen Gaukler nicht aus, galt aber in erster Linie dem mehr oder weniger ironischen Spiel des Künstlers mit seiner (gesellschaftlichen) Rolle, eine Problematik, die bei Thomas Mann in Gestalt seines Felix Krull eine geradezu leitmotivische Funktion einnehmen sollte. Immerhin zieht sich durch sein Lebenswerk die Krull-Figur zwischen 1910 und 1953, als er die Hochstaplerbekenntnisse als, wenn man so will, vollendetes Fragment abschloss. Man kann diesen Roman als parodistische Antwort auf Goethes Autobiographie *Dichtung und Wahrheit* lesen oder als Form schelmenhafter Selbstkritik angesichts der darin erfolgten travestierenden Übertragung künstlerischen Bemühens in den Bereich des Betrügerischen; lesbar ist er auch als ein heikles Selbstporträt eines Künstlers, der sich auf die, sagen wir, Integrität des Maskenspiels verstand.

Doppelgängertum, Zwillingshaftigkeit und Januskköpfigkeit, bei Krull eine „Identität zwischen dem Kavalier und dem Kellner", spricht sich in den Bekenntnissen auch

Porträtgemälde von Hermann Frobenius (1927).

Porträtzeichnung von Wolfgang Brin (Februar 1918).

dadurch aus, dass der Protagonist „Liebesträume, Träume des Entzückens und Vereinigungsstrebens“ zu träumen vermag, die einem „Doppelwesen“ galten, „einem flüchtig-innig erblickten Geschwisterpaares ungleichen Geschlechts“, wobei für ihn „die Schönheit im Doppelten“ lag. Krull nimmt sich lustvoll selbst in den Blick, indem er Andere beobachtet. Und das scheint auch für Thomas Mann zu gelten, der seinen Krull in den Blick nimmt und sich dabei in einem von ihm selbst gefertigten Spiegel erblickt.

Seitenblicke oder: Sich ein Bild machen

Bilder von sich entwerfen und andere zulassen, gehören eng zusammen, wenn es um das eigene Selbstverständnis geht. Was Thomas Mann sein wollte, und wie er es sein wollte – hat er mit einem Satz benannt: „Ich bin den Leuten viel lieber nur eine ‚Idee‘, wenn auch zugleich eine wirkende Kraft.“ Nicht fassbar, und doch zugleich unverkennbar in seiner enigmatischen Präsenz: Thomas Mann hat in Briefen an seine amerikanische Gönnerin Agnes E. Meyer seine eigene Person raffiniert in Szene gesetzt. In ihnen ist jedoch mehr enthalten als nur die wohl „temperamentvollste Selbstdarstellung des späten Thomas Mann“,[3] gehäuft in Aussagen über sich selbst, über seine Position in der Welt und seine Rolle in der spezifischen Gesellschaft, in der er lebte, über die Art und Weise, wie ihn das Publikum aufnahm. Symptomatisch für diese nicht immer reibungslos verlaufende Freundschaft war die Episode mit der „Prunkjacke“, die Meyer ihrem illustren Freund schenkte, aber die, obwohl maßgefertigt, nicht passen wollte. Thomas Mann befand: „es steht ein böser Stern darüber!“, und fügte hinzu: „Eine Augenweide war sie jedenfalls. Ein kleiner, reicher Herr sollte darin ausgewählte Freude zum dinner bei sich sehen.“ Dieser ‚kleine, reiche Herr‘ war Thomas Mann gerade nicht. Er gab die Jacke zurück und erklärte sich Meyer gegenüber wie folgt:

> „Bei dem, was Sie mir über die Entstehungsgeschichte der Jacke sagten, wurde mir ganz weh ums Herz. Schon als ich hörte, dass sie eigens angefertigt worden sei, fing ich an, mich zu fragen, ob ich ihr den rechten Empfang bereitet hätte, und nun kommt mein Verhalten mir wirklich roh und undankbar vor – oder ich finde doch, dass es Ihnen so vorkommen muss. Sie hatten es so lieb und gut gemeint und wollten, dass ich es eben so fein hätte wie der Maestro! Aber, Beste, was sollte ich tun? Die Jacke war zu knapp, zu eng. Alle sagten es, und ich selbst sah und spürte es nur zu gut. Wäre das nicht gewesen, so hätte ich meine eigenen Meinungen über das, was an weltlicher Pracht zu mir passt, gewiss zurückgestellt hinter Ihrem gütigen Wunsch und Willen und das schmeichelhafte Stück behalten, um es gelegentlich zu tragen. Da es aber im allersimpelsten Sinn nicht passte, wusste ich mir keinen anderen Rat, als es zurückzugeben – mit der vagen Vorstellung des Umtausches, der Änderung, des Ersatzes – was weiss ich! Kurz, ich bildete mir ein, dass Sie Rat wissen würden. Ich musste Ihnen die Freude verderben, mir eine Freude zu machen. Bei Gott, es ist nicht gern geschehen!“

Die „Prunkjacke“ steht hier für das ein, was Mann sich nicht aufdrängen und aufzwängen lassen wollte; er empfand sie im wahrsten Sinne des Wortes als Zwangsjacke. Bereits 1942 hatte sich Mann in einem anderen Zusammenhang zur Problematik der ‚Einengung‘ seiner Person unmissverständlich geäußert, als er seiner Gönnerin wegen seines „schon etwas abgetragen[en]“ Smokings schrieb: „Nun, man sagt zwar: ‚Kleider machen Leute‘, aber ich fand immer, es ist umgekehrt“. Mit anderen Worten: Thomas Mann ließ sich von keiner Jacke, keiner Maske, festlegen – schon gar nicht von einer, die seine Mäzenin eigens für ihn hatte anfertigen lassen. Lieber machte er sich seine Kleider und Masken selbst; sie machen nicht ihn. Am 8. März 1942 hatte Mann dies in einem Brief an seine „Freundin und Helferin“ wie folgt zu veranschaulichen versucht: „Man kann mich verstehen, kann mich erläutern, aber man kann mich nicht ändern. Man kann das – hoffentlich wirklich vorhandene – Gute und Hilfreiche in mir sehen und es zu meiner unaussprechlichen Rührung und Dankbarkeit den Menschen so wundervoll darstellen, wie Sie es getan haben und in grösserem

Stil zu tun im Begriffe sind, – aber man kann mich nicht ändern […] nicht allein durch meine Jahre bin ich untauglich zum Objekt der Erziehung".

Agnes E. Meyer machte zu einem bereits sehr frühen Zeitpunkt der Korrespondenz klar, worauf es ihr ankam: „der Mensch ist wichtiger als der Künstler, und sein Charakter ist das größte Kunstwerk überhaupt". Für sie stellte die Person ‚Thomas Mann' ein *Gesamtkunstwerk* dar, das zwar im literarischen Oeuvre zu seiner wesentlichen Entfaltung kam, sich bei weitem aber nicht nur darin erschöpfte.

Wie es der Zufall wollte, war Agnes E. Meyers älteste Tochter, Florence Homolka, Photographin. Ihr war es vergönnt, photographisch einzufangen, was ihre Mutter ‚in der Schrift', der geplanten, jedoch nie abgeschlossenen Biographie zu Thomas Mann, festzuhalten versuchte. Florence Homolka verdanken wir einige der eindrucksvollsten Porträtaufnahmen von im amerikanischen Exil lebenden Künstlern, Schriftstellern und Intellektuellen der 1940er und 1950er Jahre. Eben im selben Jahr, 1941, übersiedelten beide an die Westküste; Thomas Mann von Princeton nach Pacific Palisades, Florence Homolka zog gemeinsam mit ihrem Mann Oskar Homolka, einem damals bedeutenden österreichischen Schauspieler, nach Los Angeles. Die Mutter brachte sie in Verbindung mit Thomas Mann, und er fand Gefallen an Florence. Sie „war schön wie ein *Bild*", gestand er in einem Brief an Agnes E. Meyer; auch bewunderte er ihr photographisches Können: sie „hat ihre photographische Technik glänzend ausgebildet und vorzügliche Bilder von mir gemacht". Florence Homolka frequentierte fortan die Familie Mann, wobei sie offenbar ihren Photoapparat stets griffbereit hielt: Im Januar 1942 noch als „Assistentin" eines Photographen der *New York Times*: „[z]ahlreiche Aufnahmen", notiert sich Mann in sein Tagebuch. Später dann als eigenständige Photographin; zuerst gab's ein Mittagessen, dann „Photogr. Aufnahmen im Arbeitszimmer", oder: „[z]um Lunch Florence Homolka, die im Garten Aufnahmen machte." Noch im November 1948 erfreut sich Thomas Mann ihrer Gegenwart und ihres ausnehmenden Talents: „Florence hat reizende Bilder von uns und den Enkel-Bübchen gemacht, eine ganze Serie."[4]

Während die Tochter Thomas Mann und die Seinen mehrfach mit künstlerischem Blick ablichtete, arbeitete die Mutter weiter an ihrem Bild des Künstlers: Ihre geplante Biographie über Thomas Mann sollte ein Versuch sein, die „Schärfe" nicht nur „des Ausdrucks", sondern auch die seines Charakters zu erfassen. Als Außenstehender bekommt man den bestimmten Eindruck, sie habe eine Art ‚regulierende Instanz' sein wollen. Alle Abweichungen in Manns Verhalten, die dem Bild von ihm nicht entsprachen, waren ihr notwendige Übel, die sie ertragen, ja mit denen sie umzugehen lernen musste. „Sie können sein wie Sie wollen; alles ist mir recht", schrieb sie ihm, und sie hätte hinzufügen können: solange ihr Idealbild von ihm gewahrt bleiben konnte. Doch ging es nicht ohne Reibungsverluste ab, daher auch ihre ironisch angehauchte Verbitterung: „Ihre Schärfe des Ausdrucks schneidet um so tiefer in einer Seele die jede Nuance Ihres Styles kennt. Dies, trotzdem ich ja den Grund Ihrer Härte verstehe. Immer habe ich mir gesagt daß wer Ihre Wärme kennt, auch gefasst sein muss dann und wann einen kalten Zug zu vertragen von Ihrer fernen Natur, ohne darunter besonders zu leiden. Hat mir diese Weisheit geholfen? Keine Spur." Obwohl gerade Manns Distanziertheit sie nicht selten zur Verzweiflung brachte, gesteht sie ein, von ihm gelernt zu haben, sich sachlich-objektiv zu verhalten; eine Objektivität, die ihr „in allen sozialen Problemen gut zu statten kommt."

In der Juni-Ausgabe von 1944 erschien im *Book of the Month Club News* ein von Agnes E. Meyer verfasster Artikel zu Thomas Mann; auf diesen ging der Autor in einem Brief vom 29. Mai 1944 ausführlicher ein, wobei die Art, wie er darauf zu sprechen kommt, selbst sprechend ist. Er beginnt zunächst mit einem Verweis auf ein Interview, das Agnes E. Meyer gegeben hatte: „die Interviewerin, die das reizende, lebensvolle Charakterbild von Ihnen zeichnete, ist aber eine begabte Person! Ich habe innige Freude gehabt an dem Portrait, und sie war ungetrübt von Neid, den ich nicht nötig habe." Es folgt eine Wendung in der ‚Argumentation' hin zu einem unverhohlenen Selbstbezug: „Das Heft der Book of the Month Club-News mit *Ihrem* Artikel über *mich* überhebt mich des Neides. Natürlich nimmt er sich im Druck noch besser aus, als im Manuskript – 400.000 Leser werden mit mir ihre Freude daran haben". Der unter dem Titel *Mann Finds Secret of All Minds in Own* erschienene Artikel „zeichnet ein knappes, lebendiges Porträt, das dem Porträtierten jedoch keine ungeteilte Freude bereitete".[5]

Das Bild, das Thomas Mann von sich selbst hatte – oder zumindest in der Öffentlichkeit verankert sehen wollte, er durfte es in den Briefen spielerisch erproben, denn der Austausch mit seiner amerikanischen Freundin war, auf verschiedensten Ebenen, immer auch eine, wie er behauptete: „Beschäftigung mit mir" selbst, also mit dem, was er symbolisch repräsentierte. Zum Selbstbild gehört die wiederkehrende Frage nach der ‚eigenen Größe', wobei Mann zurückhaltend ist, seine eigene Größe behauptet, indem er sie negiert: „Ich habe mich nie für groß gehalten, aber ich liebe es mit der Größe zu spielen und auf einem gewißen vertraulichen Fusse mit ihr zu leben". Wie der Schauspieler, der trennt zwischen der eigenen privaten Person und dem Charakter, den er in der Öffentlichkeit, *coram publico*, darbietet, muss er mit den Charakterzügen, die seine Rolle ausmachen, „auf einem gewißen vertraulichen Fusse" stehen. Ähnlich verhält es sich bei Thomas Mann: zu seiner Rolle, die er zur Schau stellt, gehört das Großsein. In einem späteren Brief reflektiert Mann über eben diesen Umstand: Was seine Mäzenin in ihm sieht – und wie er sich selbst sieht. Er schreibt: „Sehen Sie, liebe Freundin, *in mir und dem Meinen*, was Sie darin sehen wollen und müssen!", er selbst erkenne vor allem eines in sich: „den kleinen Jungen" von einst, „der Tage lang spielte, er sei ein Prinz" – was er treibe, auch heute, sei „eine Art von harmloser Hochstapelei, die mir dient, die Größe sozusagen praktisch auszuprobieren und mich in traulichen Wissenskontakt mit ihr zu bringen".

In der Selbstinszenierung, im inszenierten Auftreten, vermochte Mann, seinen Charakter (und seine Rollen) auf verschiedene Weise auszudrücken und auszuleben. Er wusste, dass er sich gelegentlich „so monströs höflich, steif und zugeknöpft" verhielt, dass er aber auch „pretty friendly" sein konnte. Dass die Beziehung zwischen ihm und den Anderen, ob zu seiner amerikanischen Mäzenin oder zur allgemeinen Öffentlichkeit, recht einseitig war, verhehlte Mann nicht: „Ich gebe Menschen nicht viel, ausser dem, was ich ihnen summarisch und unwillkürlich gebe, und habe mich daran gewöhnt, nur zu empfangen". Er nennt das „Verwöhnung und Egoismus". Umso bedeutender erscheinen im Nachhinein einige seiner zwischen 1901 und 1908 vorgenommenen Einträge in den Notizbüchern, die, wie bereits gesehen, vom Egoismus handeln und diesen ausdrücklich mit dem ‚repräsentativen Beruf' und der ‚Größe' in Verbindung setzen: „Der *Egoismus*, durch den die großen Männer zur Herrschaft gelangen, ist eine Verhärtung durch das Leiden, denn *jeder* Große ist ein Leidender." Was ihn in den Notizbüchern noch erstaunte, scheint sich nun als Einsicht verfestigt zu haben: Wie überraschend es sei für den Egoisten, schreibt Mann, „wie die Anderen ihm fortwährend dienend entgegenkommen, obgleich dieser Egoismus fortwährend offen zu Tage tritt, obgleich er ihre Dienste unerwidert läßt, indem er sie wie selbstverständlich entgegennimmt."

Mann äußert sich in seinen Briefen wiederholt über sein eigenes Wesen, seine Auftritte, die Art und Weise, wie ihn die Öffentlichkeit wahrnimmt, wie er mit dieser Aufmerksamkeit umgeht. Groß ist seine Freude, als er nach San Francisco (Berkeley) reiste, um seinen siebten amerikanischen Doktortitel („Dr. of law") entgegenzunehmen und er wie ein König „mit Polizei-Eskorte vom Flugplatz abgeholt" und „mit Sirenengeheul durch alle Lichter – zur begreiflichen Erregung des Publikums [gefahren wurde]. Es war als wäre Hitler gestürzt und ich würde als Präsident nach Deutschland geholt."

Selbstprüfung im Bild

Es war ein Ereignis in Zürich, dieser 60. Geburtstag Thomas Manns, der dritte, den er außerhalb Deutschlands verlebte. Sein Stichwort hieß „Glück" an jenem Tag und überhaupt. Er verband es mit der Schweiz, mit „Harmonie" und „Übereinstimmung mit der Umgebung", gepaart mit der Erfahrung von „schweizerischem Kulturerhaltungswillen", den er gleichsetzte mit einem „neuen, besonderen und notwendigen Sinn" von ‚konservativ'. *Glück*, das war an jenem Tag Thomas Manns Gewissheit, an Statur gewonnen zu haben, gerade *weil* er Deutschland verlassen hatte. Es hatte damit andere Züge als jenes Glück, von dem seine erzählte „Studie" *Ein Glück* (1904) handelte, oder auch zuvor schon die Erzählung der *Wille zum Glück* (1886), denen er in seinen frühen Notizbüchern mit Reflexionen über diesen Seelenzustand vorgearbeitet hatte. Das las sich dann so: „Sich nach Liebe bis zum Sterben zu sehnen und dennoch Jeden zu verachten, der einen liebt. Das Glück ist *nicht*: geliebt zu werden, das ist eine mit Ekel gemischte Genugthuung für die Eitelkeit. Das Glück ist: zu lieben und kleine Annäherungen an den geliebten Gegenstand zu erhaschen." Und weiter: „Es gehört *Energie* dazu, sich zum Glücke aufzuraffen. Auch bei mir beruht die Moral und Bejahung des Leidens wesentlich auf Trägheit."

Dass nun Thomas Mann in der Schiedhaldenstrasse 33 in Küsnacht bei Zürich sich am 6. Juni 1935 – doch entspannt – auf der Terrasse und im Garten wandelnd photographieren lassen konnte und auch dabei, wie er in seinem dortigen Arbeitszimmer eine ihn darstellende Zeichnung betrachtete, das war Glück und kein kleines. Es verdankte sich durchaus seiner Energie, die im Zweifelsfall melancholische Trübungen lichten konnte. Und es war keine an anderen, seinen erfundenen Figuren wie dem herzkranken Paolo Hofmann oder der „armen, kleinen Baronin Anna" beobachtete momentane Glückserfahrung, sondern seine eigene. Paolos Glück in *Der Wille zum Glück* bestand in der nach fünfjähriger Probezeit gewährten Hochzeitsnacht mit seiner geliebten Ada von Stein, die er jedoch nur wenige Stunden überlebte. Und das bescheidene Glück der von ihrem Mann gedemütigten Anna in *Ein Glück*, das war der lange Handkuss gewesen, den ihr in weiblicher Solidarität die von Annas Rittmeister-Gatten vor aller Augen genötigte „wilde Emmy" mit ihren dunklen Mandelaugen schenkte und in der so Beschenkten lesbische Gefühle weckte (eine Anspielung vielleicht auf Toni Schwabe, die von Thomas Mann lange geförderte lesbische Schriftstellerin aus der Münchener Bohème). Thomas Manns Glück dagegen, das war der Umstand, dass er sich in seinem Porträt fest in der Hand hatte. Prüfenden Blicks mustert er sein gezeichnetes Abbild, das leicht skeptisch-versonnen im Ausdruck ist, hält es mit festem Griff auf Abstand zu sich selbst, doch nahe genug, um mit seiner Lesebrille die Konturen und den Gesamteindruck genau abschätzen zu können. Thomas Mann mit sich und seinem Abbild allein, scheinbar unbeobachtet, auch wenn das Auge der diese Szene aufnehmenden Kamera als Medium unmittelbar präsent ist. Wir sehen ihn im Halbprofil, erahnen daher seinen Gesichtsausdruck mehr, als dass wir ihn erkennen.

Er scheint sich die Frage zu stellen: Bin ich das? Ich, ein Anderer? Ob ich mich so sehen will, so gesehen werden möchte? Auf dem Porträt schaut Thomas Mann seinen Betrachter – in diesem Fall vor allem sein eigenes Urbild – leicht von der Seite an, durch die Augenwinkel beinahe; die rechte Gesichtshälfte ist verschattet. Die Kamera, die beide einfängt, dokumentiert einen Augenblick distanziert-stummer Zwiesprache zwischen Porträt und Porträtiertem, einen Moment, der eine Selbstreflexion auslösen könnte oder einen Anflug von Selbstentfremdung. Indem Thomas Mann die photographische Aufnahme dieses Augenblicks vermittelter Selbstwahrnehmung zuließ, vermutlich wünschte, gab er zu erkennen, dass er diesen Augenblick mit weiteren Betrachtern teilen wollte.

Der Ausdruck ist ernst, gesammelt, dem Anlass und den Zeitumständen angemessen, nicht verschlossen wirkend, leicht verwundert. Als diese Aufnahme entstand, hatte Thomas Mann bereits Gelegenheit gehabt, die ihn würdigenden ‚Spiegel' in Gestalt von zahllosen Geburtstagsadressen in Augenschein zu nehmen, vor allem die Würdigung „Der Sechzigjährige" seines Bruders Heinrich, die in der Exil-Zeitschrift *Die Sammlung* in Amsterdam erschienen und die ihm nahe gegangen war („Deine Worte, ihr Tonfall, ihre Höhe und Güte werden viele ergreifen, und selten habe ich bei einem Stück Prosa so sehr das Gefühl gehabt, daß reinigende, veredelnde, beschämende Wirkungen davon ausgehen können – wer weiß wie weit."). Auf dem Porträt schaute ihn gleichsam der Zwillingsbruder an; doch hielt Thomas Mann das Blatt so, dass eben auch Andere es wie über seine Schulter anschauen konnten und von ihm angeschaut wurden – nach dem Motto: Viele werden „ergriffen" werden von diesem Blick und dieser Szene.

Bildliche Selbstwerdung mit Untertönen

Zum Problem der Selbstdarstellung bei Thomas Mann gehörte für ihn das mehr oder weniger Beschwerliche des Porträtiert-Werdens. Ein Beispiel für viele ergab sich im Zusammenhang mit dem Porträt, das William Earl Singer im Laufe des Jahres 1944 von ihm geschaffen hatte. Die Manns und die Singers waren in Pacific Palisades quasi Nachbarn gewesen. Es lag daher für Mann buchstäblich nahe, sich auch von diesem durchaus renommierten Porträtmaler verewigen zu lassen. Die Sitzungen begannen Anfang Februar 1944 und dauerten bis Ende Mai. Schon nach den ersten Sitzungen vermerkt Thomas Mann über eine weitere: „Sitzung bei Singer in Dunkelheit und Langerweile." Zuweilen half Musik. Unter dem Datum des 16. April 1944 erfahren wir: „Portrait-Sitzung bei Singer. Hörte dabei die 1. Symphonie von Beethoven und die 1. von Brahms." Zwei Wochen später ließen Franz Schubert und César Franck ihn die Sitzung überstehen. Hier überlagern sich nun die vielberufenen ‚Medien': Musik grundiert gleichsam die malerische Arbeit, wobei das Ergebnis dann in einer photographischen Aufnahme festgehalten werden wird, die Thomas Mann vor seinem Porträt stehend zeigt. Bezeichnend ist dabei, dass er in der Photographie nicht auf sein Ebenbild schaut, aber dessen Blickrichtung einnimmt.

William Earl Singer,
Thomas Mann Porträtbild
1944.

Es gibt eine photographische Aufnahme, die sogleich nach der feierlichen Enthüllung entstand, vermutlich von einem Reporter des in Thomas Manns Leben in Amerika allgegenwärtigen *Life Magazine*. Darüber schreibt er seiner überanhänglichen Freundin und Mäzenin, Agnes E. Meyer, nach Mount Kisco in New York State am 12. August 1944:

> Wir hatten hier gestern ein grosses ‚Vernissage', das ‚unveiling' des Portraits, das der Maler W. Singer ein tüchtiger Künstler, von mir gemacht hat. Es war ein Garten- und Atelierfest mit Bowle und Sandwiches, wohl 100 Leute waren da, eine hübsche movie-actress zog die Vorhangschnur, mein Bildnis vor landschaftlichem Hintergrund erstrahlte in elektrischem Licht, man applaudierte frenetisch, ich musste auch ein paar Worte zur Sache sagen, und dann wurde von einem ‚Life'-man endlos photographiert. Es war eine echt amerikanische Nerventour de force, gutherzig, grossherzig und erbarmungslos. Ich war aber höflich und verglich es mit einem Fest in Florenz, wenn dem Cellini ein Guss gelungen war.

Begleitet waren die Porträtsitzungen bei Singer nicht nur von Musik, sondern auch von der bangen Hoffnung auf eine Invasion der Alliierten in Nordfrankreich, die dann auch pünktlich zu Thomas Manns Geburtstag am 6. Juni 1944 begann. Hinzu kam ein ‚Selbstporträt' ganz anderer Art: Oxford University Press schickte in jenen Wochen eine von Harlan R. Crippen besorgte Anthologie: *Germany, a Self-Portrait. A Collection of German Writings from 1914–1943*, in der Thomas Mann „wieder einmal", wie er lakonisch notiert, mit dem „Bonner Brief" vertreten war; gemeint war sein Brief an den Dekan der Universität Bonn zur Aberkennung der Ehrendoktorwürde im Dezember 1936. Bitter ironisch genug, denn im dortigen Institut für Literatur hatte sich unter Berthold Litzmann die erste Thomas-Mann-Forschungsstätte etabliert. In seiner Antwort, die sich Thomas Mann nun in Pacific Palisades in Crippens Anthologie einmal mehr vor Augen führen konnte, fand sich jene Formel, die den Kern seiner Selbstdarstellung vor, während und nach den Jahren der Emigration bildete: „Ich bin weit eher zum Repräsentanten geboren als zum Märtyrer, weit eher dazu, ein wenig höhere Heiterkeit in die Welt zu tragen, als den Kampf, den Haß zu nähren."[6]

Als Thomas Mann seinem Porträtisten aus der Nachbarschaft Modell saß, schwang noch Anderes mit, ein ihm unerklärliches Unwohlsein: „Fühle mich oft über Gebühr und unerlaubt schlecht, habe es fast aufgegeben, mich zu beklagen." Es waren die immensen Anforderungen, die ihm das Arbeiten am *Doktor Faustus* abnötigte, aber auch das Empfinden der Luxusprobleme, die er im Vergleich zu der Weltkriegssituation hatte und die es ihn „fast aufgeben" ließen, zu klagen. Nicht minder wahrscheinlich, dass ihm die häufigen Erschöpfungszustände zusetzten, wohl entscheidend mit bedingt durch jenes Leiden, das ihm zwei Jahre später beinahe das Leben kosten sollte.

Doch dem Doppelporträt in Öl und als Photographie sieht man dergleichen nicht an. Es fällt auf, dass Thomas Mann sein Ebenbild keines Blickes würdigt; dabei wirken beide keineswegs kränklich, überbürdet oder übermüdet. Ihr Blick hat etwas Bestimmtes, Unbeirrbares. Etwas milder, versonnener im Porträt als in der photographierten Lebenswirklichkeit. Singers Werk, das er an Thomas Mann vollbrachte, nannte dieser vorsichtig anerkennend „ein tüchtiges Stück Arbeit". Das Porträt des gründlich urban veranlagten Schriftstellers vor einer Phantasielandschaft – man denkt an einen Bank- oder Firmendirektor im Ruhestand, der mit keinem Augenblitzen oder schief sitzenden Krawattenknoten den Künstler verrät –, es wundert schwerlich, dass der Porträtierte angesichts dessen lieber an Florenz dachte, vielleicht auch an sein eigenes und einziges Bühnenwerk *Fiorenza*; mag ja auch sein, dass William Earl Singer selbst etwa die Toskana im Sinn gehabt hatte bei diesem seltsamen Hintergrund. Rein kunstgeschichtlich betrachtet, traf dieser Vergleich ins Schwarze, wenn man an die eingangs genannte Arbeit von Jacob Burckhardt zum modernen Porträt und ihrer Verankerung in der Renaissance denkt; Thomas Mann dürfte mit ihr vertraut gewesen sein, bedenkt man seine umfänglichen Studien zum Themenkreis der *Fiorenza*.

Es dauerte jedoch nicht lange, und Thomas Mann klagte wieder über die „endlose" Photographiererei zu Hause oder wo immer er sich bewegte; auf Schritt und Tritt wartete ein Auslöser oder Blitzlicht. Für eine nicht ermittelbare „Moskauer Ausstellung" ließ er im September 1945 dann wieder einige Photo-Sitzungen über sich ergehen, nur um zu bestätigen: „Vollendete Unähnlichkeit."

Eine Einlassung ins Selbstbildliche mit Adorno

Das Instrument von Thomas Manns literarischem Werk war sein Leben, befand Theodor W. Adorno treffend in seinem Essay *Zu einem Porträt Thomas Manns*, verfasst sieben Jahre nach dem Tod des Schriftstellers aus „Anlaß einer dokumentarischen Ausstellung" über Leben und Werk des „Zauberers". Pikanterweise hatte Adorno den Essay Hermann Hesse zu dessen 85. Geburtstag „in herzlicher Verehrung" gewidmet, auch wenn der Essay selbst Hesse als Vergleichsgröße unerwähnt ließ. Adorno konnte zu diesem Zeitpunkt weder wissen, dass Hesse nach diesem 2. Juli 1962 nur ein weiterer Lebensmonat vergönnt sein würde, noch, dass er selbst, der beinahe öffentlichkeitsscheu das Zurückgezogene schätzte, in seinen letzten Lebensjahrzehnten in einem Umfang photographiert wurde, der durchaus mit jenem der Porträtaufnahmen Thomas Manns vergleichbar ist. Der markante Unterschied bestand jedoch darin, dass es sich bei den Porträtphotographien Hesses weitgehend, wenn nicht ausschließlich, um Privataufnahmen handelte; denn dieser Schriftsteller hatte in Gestalt seines jüngsten Sohnes, Martin Hesse, einen veritablen Berufsphotographen in der Familie, einen „Poeten der Kamera", wie der Vater ihn rühmte.[7]

Was sah man diesen Porträtaufnahmen an, die in der besagten Dokumentation zu Leben und Werk Thomas Manns ausgestellt waren? Laut Adorno keineswegs nur die vorurteilsbelastete Annahme eines lebenslangen „Konflikts des Bürgers mit dem Künstler" in diesem Schriftsteller, sondern etwas ganz Anderes: Thomas Mann als jemanden zu erkennen, der „von dem Selbstporträt, das seine Prosa suggeriert," abwich.[8] Adorno weiter:

> Scham über die Selbstsetzung des Künstlers, des Genies, als das er sich drapiert, nötigt den Künstler, der eines Rests von Draperie nie ganz ledig wird, so gut es geht sich zu verstecken. Weil der Genius zur Maske geworden ist, muß der Ge-

> nius sich maskieren. Er darf um nichts in der Welt als solcher auftrumpfen und tun, als wäre er, der Meister, jenes metaphysischen Sinnes mächtig, der in der Substanz der Zeit nicht gegenwärtig ist.[9]

Sachlichkeit sei das „Geheimnis seiner Verstellung" gewesen und weniger eine Selbstmythisierung, nur weil er der Autor der mythischen *Josephs*-Tetralogie war.[10] Das bedeutet, der Blick auf die Gesamtheit der Porträtdarstellungen würde einen Einblick in die Gesamtpersönlichkeit Thomas Manns erlauben, wobei natürlich die Deutung der Selbstporträtierung im Werk hinzu kommen muss.

An Thomas Manns Interpreten – und damit auch an sich selbst – gerichtet, hatte Adorno schon 1950 dem Schriftsteller gegenüber brieflich bekannt, was noch heute für Deutungen dieses in sich so emphatisch gerundeten Werks gelten sollte und ins Stammbuch der Thomas-Mann-Forschung gehört, die mehr erreichen will als eine Sammlung dröger Positivismen oder exaltierter Psychologismen:

> Wer heute im Ernst die Verantwortung auf sich nimmt, über Sie zu schreiben, müßte es schon so tun, daß er sich nicht damit begnügt, plump herauszuholen, was Sie mit tiefsinniger Zartheit in Ihrem Werk versteckt haben, sondern stattdessen was das Werk selber versteckt. Es müßte Interpretation im philosophischen Sinn, kein Kommentar des philosophischen Inhalts sein.[11]

Es ist das Gewitzte, ja Schelmisch-Ironische im Ausdruck, das manche Photographien von Thomas Mann zeigen und das gerade im Gegensatz zu jenen Spuren tiefer Melancholie und Resignation zu deuten wäre, von denen etwa die Tagebücher zeugen. Gehörte dieser ironische Ausdruck zur sogenannten ‚Repräsentation' oder unterminierte er sie? Und überhaupt: Was versteht sich hier als Repräsentation?

Adornos Essay verweist aber auch noch auf einen anderen Zusammenhang, der bedenkenswert bleibt, der Blick nämlich auf Porträtphotographien, mit denen Thomas Mann sich umgab und von denen eine gewisse Wechselwirkung ausging:

> In seinem Arbeitszimmer hing eine entzückende Jugendphotographie seiner Tochter Erika, die ihm physiognomisch ähnelt, im Pierrotkostüm. Im Nachbild der Erinnerung anderes als ein Stück unverstümmelten und unbezwinglichen mimetischen Vermögens.
>
> Aber man darf ihn danach beileibe nicht als Pierrot Lunaire, als Figur aus dem fin de siècle sich ausmalen. Das Cliché des Dekadenten ist komplementär zu dem des Bürgers, so wie es ja, wie bekannt, Bohème nur so lange gab wie solides Bürgertum.[12]

Beim Betrachten der Photographien, die Thomas Mann als Bürger in der Republik der Künste zeigen, als *pater familias* und Selbstinszenator, als letzter Repräsentant eines mehr und mehr fragwürdig gewordenen kulturellen Selbstbewusstseins, heißt es, sich zu vergegenwärtigen, dass dieser Schriftsteller zumindest nach außen literarische Selbstdarstellungen mied. In seinem Princeton-Vortrag von 1939 *Meine Zeit* findet sich einleitend die unvermutete Einlassung: „Vielleicht liebe ich mein Leben nicht genug, um zum Autobiographen zu taugen." Gehörte das zu der von Adorno benannten Koketterie, nunmehr in ihrer intellektuellen Variante? Wie glaubwürdig war das angesichts der Tagebücher, der ungezählten über sich Auskunft gebenden Briefe, der zahlreichen autobiographischen Fragmente, zu deren eindrücklichsten sein Bericht *Pariser Rechenschaft* (1926) zählt, weil er das Problem des Repräsentierens ausführlich schildert? Dieser Bericht zeigt ihn in offizieller deutscher Kulturmission am Quai d'Orsay – und das in Gestalt photographischer Wortbilder, die an Schärfe der Einstellung nichts zu wünschen übriglassen.

Nur im Fall des „Romans eines Romans", *Die Entstehung des Doktor Faustus* (1949), gebrauchte Thomas Mann im Tagebuch die Bezeichnung „autobiographisch"; so nannte er im Mai 1948 das Vorhaben ein „autobiographisches Fragment", wobei er zwei der von ihm am wenigsten favorisierten Genres zusammenbrachte: die Autobiographie und das Fragment, sah er sich doch primär als ein „Vollbringer" (im Sinne von ‚Vollender').[13] Entsprechend harsch ging er mit anderen Autobiographien um; Stefan Zweigs *Die Welt von Gestern* etwa strafte er mit der Bemerkung „Läppischkeit" ab. Scheinamüsiert äußert er sich über die Autobiographie und das erste Familienporträt in Worten des jüngsten Bruders Viktor *Wir waren fünf. Bildnis der Familie Mann*: „Viel heiteres Hin und Her über Vikkos Buch, das in seiner Lügenhaftigkeit, gutmütigen Beschönigung, Selbst- und Familienverherrlichung und dabei Talentiertheit ein ganz kurioser Fall." Das Urteil schwankt zwischen „wunderliche[r] Überraschung" und Irritation.

‚Seht ihr mich richtig?'

Selbstwahrnehmung geht aller Selbstdarstellung voraus. In den ersten Monaten des Exils, das Thomas Mann als ein solches noch nicht wahrhaben wollte, wie er sich ohnehin diesem Wort auch später verweigern sollte, vermerkt er im Tagebuch: „Mit der Lesebrille stellte ich vorm Spiegel im Badezimmer fest, daß mein Haar in letzter Zeit stärker ergraut ist." Konnte es ihn verwundern? Schon vorher wollte er aus seiner neuen Lebenslage, einer Zwangssituation, folgende Konsequenz ziehen: „alle Amtlichkeiten und Repräsentativitäten abstreifen, fortan in voller Sammlung mir selbst zu leben." Lange konnte dieser Vorsatz nicht vorhalten; der Anstoß, wenn es denn eines solchen bedurfte, kam von außen. Man hatte ihm ausgerechnet ein Wort Mussolinis zugetragen, der sich darüber geärgert habe, dass Italiens bedeutendster Kulturphilosoph, Benedetto Croce, sein jüngstes Buch Thomas Mann gewidmet hatte und das, obwohl nach Ansicht des Duce „Th. M. gar kein Repräsentant Deutschlands sei. Er hat nichts getan, es zu repräsentieren." Ganz im Gegensatz zu – Stefan Zweig! War die Welt dabei, ihn, Thomas Mann, zu verkennen? Sie hatte bereits zwei Jahre später Grund, sich eines anderen zu besinnen: Thomas Manns Rolle des Repräsentanten eines ‚anderen' und damit besseren Deutschland nahm auf der Weltbühne zunehmend deutlichere Konturen an. Mit unüberhörbarer Genugtuung hält er unter dem Datum des 4.VI.1935 im Tagebuch fest:

An Bord der „Washington“, September 1939.

> Die Artikel und Briefe, die mein 60. Geburtstag zeitigt, ergeben ein wesentlich anderes Bild von mir, wie es der Welt vorschwebt, als die Kundgebungen beim 50. Werk und Person sind gewachsen, die Akzente sind feierlicher, rein-ehrerbietiger, eine Art von Sicherung, Verewigung, hat eingesetzt, die Arbeiten bis zurück zu den Anfängen, stehen in einem veränderten, gereinigten Licht. Die Welt hat sich mit dem bleibenden Charakter dieses Lebens abgefunden und trägt einer geistigen Tatsache Rechnung in Ton und Haltung, die sich in schwankendem Prozeß mit der Zeit, halb gegen ihren Willen, durchgesetzt.

Der Blick auf sich selbst fand noch im selben Monat eine Ergänzung – und das bereits in der ‚Neuen Welt‘, die ihm sogar aufnötigte, beim Namen zu nennen, was er geworden war, ein Exulant: „(Riverside, Connecticut) Zum Lunch war der Verleger des Hausherrn, Schuster, anwesend, der mir das Buch ‚Eyes on the world‘, eine Art von Welt-Kino, schenkte, worin mein Bild zweimal zu sehen, als Exilierter und als der, den manche für den größten Schriftsteller der Gegenwart halten. Ich bin in das Buch geraten wie Pilatus ins Credo." Nein, so unpassend war dieses „Doppelbild" gewiss nicht, und es dürfte Thomas Mann geschmeichelt haben. Übrigens hätte er mit Pilatus sagen können: „Quod scripsi, scripsi" (Was ich geschrieben habe, habe ich geschrieben, Joh. 19,22). Auch das Wort aus dem Johannes-Evangelium: „Seht, da ist der Mensch" traf auf ihn zu, jedoch frei von jeglicher nach außen getragener Leidensgeste. Zur Rolle des öffentlichen Thomas Mann gehörte der große Auftritt, den es selbstdiszipliniert auch dann noch zu bestehen galt, als ihm der Selbstmord seines Sohnes Klaus gemeldet wurde. Das hatte zur Folge, dass selbst Privataufnahmen öffentlichen Charakter gewannen.

Der Maßstab hierfür hatte den prominentesten Namen überhaupt, was die kulturelle Außenrepräsentanz des Deutschen anbetraf. In Princeton findet er bestätigt, was er als seine größte Genugtuung überhaupt verbuchen konnte: „Das immer öftere Wiederkehren der Verbindung meines Namens mit dem Goethes und wie mein Identifikationsspiel sich in den Geistern durchsetzt."

Alles das hatte frühe Wurzeln. Sie reichen zurück in jene Zeit, in der Thomas Mann gleichzeitig mit seiner Verlobung und Eheschließung (1905) „ein öffentliches Selbstbild" erfindet.[14] Aus dem Bohemien von einst ließ er vermittels „von ihm kontrollierter Fotoporträts"[15] das Bild eines Bürgerkünstlers entstehen.

Schon der frühe Thomas Mann der Notizbücher hatte den Auftritt in der Gesellschaft als Bühnenereignis verstanden: „eine angenehme Bescheidenheit zeigen und in Gesellschaft nicht nur kein allzu sicheres Selbstbewußtsein sondern sogar Verlegenheit verraten." Der Grund ihrer Bescheidenheit mag von außen als eine Art respektvolle Zurückhaltung (aus dem Innern) angesehen werden, dabei entsteht die Zurückhaltung (keine Prahlerei) durch eine Ungenügsamkeit: „Allein das hat seinen Grund nicht in der Erkenntnis ihrerseits von der Geringfügigkeit ihres – des menschlichen Wissens, sondern vielmehr darin, daß ihnen dieses ihr umfängliches Wissen verzweifelter Weise nicht *gegenwärtig* sein kann", und weiter: „Er wird bescheiden und fragt: Was weiß ich zum Beispiel? Aber ihm fällt bei Gott nichts Wesentliches, durchaus nichts Wesentliches von all seinem Wissen ein! Wie er auch mit sich ringt, sitzt er den andren Leuten, die weniger oder gar nichts wissen, gegenüber, ohne sich im Augenblick beweisen zu können, wie hoch er über ihnen steht, durch was er über ihnen steht, was ihn eigentlich berechtigt, sie mit Sicherheit und Überlegenheit zu behandeln".

Im Mittelpunkt dieser Notizen, sofern sie mit Fragen der Selbstwahrnehmung verbunden sind, steht wiederholt die Frage nach der Grenze zwischen dem, was man für sich selbst ist, und wie man sich gegenüber der Gesellschaft als dem Gegenpart zum Eigenen und dem einem selbst Entgegengesetzten verhält. An dieser Grenze findet der eigentliche Identitätskonflikt statt; dort entstehen Konstellationen, die ein *symbolträchtiges* Auftreten ermöglichen. Dass der Schein trügt (trügen kann), braucht keiner ausschweifenden Begründung: „Wer rein ist, ist zutraulich. Alle Zurückhaltung und Reserve, mag sie noch so ‚adelig' aussehen, beruht auf Unreinheit, Beflecktheit." Mann spricht vom „Habitus", anders gesagt: vom Gebaren. Er führt dieses Gebaren dahingehend aus, dass etwa bei einem Künstler der Habitus über die Wahrhaftigkeit seines Künstlerseins bestimme: „Das ist wirklich eine Künstlerin! Ich weiß nicht, ob sie gute Bilder malt, aber dem ganzen Habitus nach!" Das Gebaren bestimmte demnach das Sein.

Schon früh hatte Thomas Mann das Konstruierende im literarischen Gestalten betont und behauptet, der Schriftsteller baue „eine Construction". Zu dieser ‚Konstruktion' gehörte für ihn offenkundig nicht nur das Werk, der ‚konstruierte Text', sondern auch seine eigene Person, die ‚Persönlichkeit'. Werk und Person, die Präsentation des Werks und Repräsentation der Person als Künstler ergaben so – seine ebenso generöse wie anstrengende Freundin, Agnes E. Meyer, hatte das schon richtig gesehen – eine Art ‚Gesamtkunstwerk'. Und es war ihm, Thomas Mann, wohl mehr als recht, dass man sich in dessen Rahmen ein Bild von ihm mache.

Zur Vorgehensweise

Thomas Mann, dieses durch und durch narzisstisch veranlagte Phänomen unter den Weltautoren der Moderne, wird besichtigt: Bei der Gestaltung, dem Aufbau dieses Bandes – wir scheuen uns nicht, ihn eine Komposition zu nennen – spielte die Frage nach dem Repräsentativen des jeweiligen Aufnahmemoments eine entscheidende Rolle. Die Photographien bilden ja ihrerseits Augenblicke im Leben und Wirken eines Schriftstellers ab, der wie kaum ein anderer sich selbst die Frage nach seiner eigenen Repräsentativität gestellt hat – und das in Lebens- und Schaffensphasen, die in politischer Hinsicht unterschiedlicher nicht hätten sein können: von der Monarchie zur Republik ins von der Hitler-Diktatur erzwungene Exil, in die helvetische, dann US-amerikanische Demokratie und wieder zurück in die Schweizerische Neutralität, von der aus er die erste Phase in den gespaltenen Teilen Deutschlands beobachtete, beide schließlich im Namen Goethes, Schillers und seines eigenen besuchte.

Es hieß, auszuwählen aus einer reichen Fülle an Aufnahmen, um das Selbst Thomas Manns, seine vielschichtige Persönlichkeit in ihrer Vielgesichtigkeit zu zeigen, und diese Bilder zum Sprechen zu bringen. Unsere Bildunterschriften wollen knapp informieren, Deutungen andeuten, dem Auge gewissermaßen soufflieren, aber keine Sichtweisen auf diese Photographien vorschreiben. Wir verstehen sie als Kleinstessays, die einer Gliederung folgen, die sich aus dem Bildmaterial ergibt. Die sieben Bildeinheiten widmen sich biographisch-thematischen Phasen in Thomas Manns Entwicklung, zeigen Stationen auf und Etappen im wiederholten Entwerfen seines Selbstbildes, das eines nicht oder kaum kennt: den spontanen Schnappschuss. Diese Bilder dokumentieren Thomas Manns Bemühung um Selbst-Positionierung, zu der die Pose unweigerlich gehört. Als Schriftsteller und Repräsentant einer versunkenen, aber durch seine Person und sein Schaffen erinnerten Bildungsbürgerlichkeit wurde ihm die Pose auch zum Stoff. Bereits im Roman *Königliche Hoheit* wurde dies schon früh zu einem seiner Themen (1909). Wir ließen uns bei der Auswahl der Bilder und der Strukturierung dieses Buches ferner leiten vom Prinzip der „wiederholten Spiegelungen", die bereits Goethe als optisches Phänomen beschrieben hatte: die Linse der Kamera quasi als Prisma verstanden, wobei sich durch die wiederholten Aufnahmen Spiegelungseffekte ergaben, die auch dann die ‚Farbigkeit' der Persönlichkeit Thomas Manns aufweisen, wenn sie – wie in den meisten Fällen – in Schwarz-Weiß vorliegen. Was diese Struktur auch zeigen will:

Rudolf C. von Ripper, Porträtgemälde Thomas Mann um 1940.

Thomas Mann setzte sich nicht nur in Szene, spiegelte sich in Aufnahmen, sondern beobachtete sich durch sie auch selbst. So verweisen wir mit Absicht auf die Tagebücher; denn diese Photolebensstrecke lässt sich komplementär zu den diaristischen Selbstreflexionen betrachten. Das ist auch der Grund dafür, weshalb hier nur Bilder aufgenommen wurden, die Thomas Mann allein zeigen. Thomas Manns in diesen Bildern besonders akzentuierte Selbstbezüglichkeit bot ihm die Voraussetzung für seinen Weltbezug als Schaffender, denn dieses Ich, so angefochten es oft genug gewesen, es erwies sich als ein dem eigenen Mythos zugewandter Proteus, vielgestaltig, aber doch immer unverwechselbar ganz und gar er selbst. Und eben davon, von dieser ebenso faszinierenden wie zuweilen auch irritierenden Selbstverlässlichkeit Thomas Manns will dieser Band Zeugnis ablegen.

Anmerkungen

[1] Erika Mann, Das letzte Jahr. Bericht über meinen Vater. Frankfurt am Main 1965, S. 69 f.
[2] Volker Hage, Eine Liebe fürs Leben. Thomas Mann und Travemünde. Frankfurt am Main 2002, S. 75.
[3] Thomas Mann / Agnes E. Meyer, Briefwechsel 1937–1955. Hrsg. v. Hans Rudolf Vaget. Frankfurt am Main 1992, hier Einleitung, S. 8. (= Vaget, Briefwechsel AEM/ThM).
[4] Zu Florence Homolka vgl. Roland Jaeger, Rendezvous der ‚intellektuellen Westküste': Emigrantenporträts der Photographin Florence Homolka. In: Aus dem Antiquariat, 5 (2001), S. 274–278, und Thomas Blubacher, Paradies in schwerer Zeit. Künstler und Denker im Exil in Pacific Palisades und Umgebung. München 2011, S. 72 f.
[5] Vaget (= Briefwechsel AEM/ThM), Kommentar, S. 1005.
[6] Vgl. dazu: Klaus Harpprecht, Thomas Mann. Eine Biographie. Reinbek b. Hamburg 1995, S. 887–918 („Ein Brief nach Bonn"), hier: S. 916 f.
[7] Entsprechendes Material in: Hermann Hesse, Vom Wert des Alters. Mit Fotografien des Dichters von Martin Hesse u. a. Hrsg. v. Volker Michels. Frankfurt am Main 2007. Vgl. bes. das Nachwort von Michels : S. 265–277, bes. S. 271–275.
[8] Theodor W. Adorno, Noten zur Literatur. Gesammelte Schriften Bd. 11. Hrsg. v. Rolf Tiedemann unter Mitwirkung von Gretel Adorno, Susan Buck-Morss und Klaus Schultz. Frankfurt am Main 2003 (= „Zu einem Porträt Thomas Manns", S. 335–344, hier S. 336).
[9] Ebd., S. 337.
[10] Ebd.
[11] Theodor W. Adorno / Thomas Mann, Briefwechsel 1943–1955. Hrsg. v. Christoph Gödde und Thomas Sprecher. Frankfurt am Main 2002, S. 81 f.
[12] Adorno, Zu einem Porträt Thomas Manns, S. 343.
[13] Theodor W. Adorno / Thomas Mann, Briefwechsel 1943–1955. Hrsg. v. Christoph Gödde und Thomas Sprecher. Frankfurt am Main 2002, S. 105 (Brief Thomas Manns vom 19. April 1952).
[14] Heinrich Detering, Der Litterat. Inszenierung stigmatisierter Autorschaft im Frühwerk Thomas Manns. In: Michael Ansel, Hans-Edwin Friedrich und Gerhard Lauer (Hrsg.), Die Erfindung des Schriftstellers Thomas Mann. Berlin/New York 2009, S. 191–206, hier S. 192.
[15] Ebd., S. 197.

Benutzte Ausgaben

(Alle Thomas-Mann-Zitate sind den folgenden Ausgaben entnommen, wobei auf Einzelnachweise im Text verzichtet wurde.)

Theodor W. Adorno / Thomas Mann, Briefwechsel 1943–1955. Hrsg. v. Christoph Gödde und Thomas Sprecher. Frankfurt am Main 2002.

Thomas Mann, Gesammelte Werke in dreizehn Bänden. Frankfurt am Main 1990.

Thomas Mann, Über mich selbst. Autobiographische Schriften. Frankfurt am Main 1994.

Thomas Mann, Notizbücher. Edition in zwei Bänden. Hrsg. v. Hans Wysling und Yvonne Schmidlin. Frankfurt am Main 1991.

Thomas Mann, Tagebücher. 1918–1921; 1933–1934; 1935–1936; 1937–1939; 1940–1943. Hrsg. v. Peter de Mendelssohn. Frankfurt am Main 1979–1982 sowie 1944–1946; 1946–1948; 1949–1950; 1951–1952; 1953–1955. Hrsg. v. Inge Jens. Frankfurt am Main 1986–1995.

Thomas Mann / Agnes E. Meyer, Briefwechsel 1937–1955. Hrsg. v. Hans Rudolf Vaget. Frankfurt am Main 1992.

Thomas Mann / Heinrich Mann, Briefwechsel 1900–1949. Hrsg. v. Hans Wysling. Frankfurt am Main 1995.

Benutzte Literatur

Theodor W. Adorno, Noten zur Literatur. Gesammelte Schriften Bd. 11. Hrsg. v. Rolf Tiedemann unter Mitwirkung von Gretel Adorno, Susan Buck-Morss und Klaus Schultz. Frankfurt am Main 2003, („Zu einem Porträt Thomas Manns", S. 335–344).

Katrin Bedenig, „Es kommt darauf an, den Leuten sein Profil einzuprägen …". Thomas Mann als Dichterdarsteller. In: Robert Leucht und Magnus Wieland (Hrsg.), Dichterdarsteller. Fallstudien zur biographischen Legende des Autors im 20. und 21. Jahrhundert. Göttingen 2016, S. 63–90.

Thomas Blubacher, Paradies in schwerer Zeit. Künstler und Denker im Exil in Pacific Palisades und Umgebung. München 2011.
Walter Delabar, Der Autor als Repräsentant, Thomas Mann als Star. Aufstieg und Niedergang der öffentlichen Funktion des Autors im 20. Jahrhundert. In: Gunter E. Grimm und Christian Schärf (Hrsg.), Schriftsteller-Inszenierungen. Bielefeld 2008, S. 87–102.
Heinrich Detering, Der Litterat. Inszenierung stigmatisierter Autorschaft im Frühwerk Thomas Manns. In: Michael Ansel, Hans-Edwin Friedrich und Gerhard Lauer (Hrsg.), Die Erfindung des Schriftstellers Thomas Mann. Berlin/New York 2009, S. 191–206.
Rüdiger Görner, Thomas Mann. Der Zauber des Letzten. Düsseldorf und Zürich 2005.
Annette Grötler, Pikturales Erzählen. Thomas Mann und die bildende Kunst. Heidelberg 2019.
Volker Hage, Eine Liebe fürs Leben. Thomas Mann und Travemünde. Frankfurt am Main 2002.
Klaus Harpprecht, Thomas Mann. Eine Biographie. Reinbek b. Hamburg 1995.
Hermann Hesse, Vom Wert des Alters. Mit Fotografien des Dichters von Martin Hesse u. a. Hrsg. v. Volker Michels. Frankfurt am Main 2007.
Roland Jaeger, Rendezvous der ‚intellektuellen Westküste': Emigrantenporträts der Photographin Florence Homolka. In: Aus dem Antiquariat, 5 (2001), S. 274–278.
Hermann Kurzke, Thomas Mann. Das Leben als Kunstwerk. Frankfurt am Main 2001.
Erika Mann, Das letzte Jahr. Bericht über meinen Vater. Frankfurt am Main 1965.
Ulrich Pfisterer und Valeska von Rosen (Hrsg.), Der Künstler als Kunstwerk. Selbstporträts vom Mittelalter bis zur Gegenwart. Stuttgart 2005.
Thomas Sprecher, Thomas Mann in Zürich. Zürich 1992.
Claudio Steiger, „Den Schriftsteller vor die Geschichte zitieren". Überlegungen zu einer nicht-essentialistischen Thomas-Mann-Biografik. In: Thomas Mann Jahrbuch 30 (2017), S. 99–112.
Hans Rudolf Vaget, Thomas Mann, der Amerikaner. Leben und Werk im amerikanischen Exil 1938–1952. Frankfurt am Main 2011.

Bild-Werte

Aller Anfang ist bildhaft

Immer liest man zuviel in Photographien von Kleinkindern hinein, aber es fällt schon auf, der Blick des Dreijährigen, der ernste, gesammelte Ausdruck. Ob er sich wohlfühlt in dieser gestellten Ateliernatur? Es gibt Aufnahmen dieser Art, auf denen erkennbar ist, dass das Kind kurz danach in Tränen ausbricht, sie mühsam zurückhält und gleich wieder zurück will in die bergende Nähe von Mutter und Vater. Nichts dergleichen mit dem kleinen, für den langen Lebensweg bereits gut beschuhten Thomas. Er sitzt sehr für sich da, nicht einmal mit verwundertem Ausdruck angesichts dessen, was da geschieht. Früh übt sich, wer sich in Szene setzen will, auch wenn er hier in Szene gesetzt wurde.

Wie man ist, was man wird

Der Blick ins Künftige

Und ein Sprung um vierzehn Jahre: Thomas Mann 1892, nach der Liquidierung der Firma Mann und vor der Mittleren Reife im Katharineum: zugeknöpft bis oben nach Art der Jungmännermode. Mit den schulischen Leistungen steht es nicht zum Besten, obwohl dies das Bild eines Primus sein könnte. Im Aufblick eines jungen Mannes, aus dem noch einmal etwas werden wird, auch wenn es zu dem Zeitpunkt noch niemand so recht glauben will.

Thomas Mann

Makrokosmos ‚Buch'

Fingierte Lektüre im Atelier mit drapiertem Tischtuch auf einem größeren Beistelltisch mit polierter Oberfläche oder gar mit einer dünnen Marmorplattenauflage. Man denkt an die Regieanweisung im *Faust:* „Er schlägt das Buch auf und erblickt das Zeichen des Makrokosmos." Nun, wohl eher eine Prachtausgabe unbestimmter Art, über die sich der junge Arrivierte leicht beugt, auf die zur Faust geballte Rechte in die Falten des Tuches gestützt. Das milchige Weiß des unteren Randes bietet Platz für die Signatur, aus Kurrent-Anleihen und lateinischen Buchstaben bestehend, den ersten Buchstaben markant geschwungen wie als Zeichen zu einem besonderen Anfang; den Namen unterstrichen und mit einem Punkt beendet, wobei der Stich zur Tangente des Unterschwungs des Kurrent-‚h's des Vornamens wird: ein buchstäblich berührendes Zeichen, das man nicht überlesen kann, ganz gleich, was denn da wirklich im Buche stand.

Ich bin ich

Wie und was ein Fünfundzwanzigjähriger (sich) vorstellt: Geschniegelt der Welt entgegen. Es sitzt alles bei diesem Stehenden. Hinter dieser vornehmen Fassade vermutet man nicht den Redakteur der satirischen Zeitschrift *Simplicissimus*, den Verfasser feinsinniger Novellen und Autor des zu diesem Zeitpunkt beinahe abgeschlossenen Romans *Buddenbrooks*, der einmal Weltruhm bedeuten sollte. Die sonst schaffenden Hände haben sich in den Hosentaschen vergraben, um auf diese Weise die Schöße des Herrenrocks zurückzunehmen und elegant-legeres Auftreten zu demonstrieren.

Bildern schenkt Thomas Mann in jener Zeit sein kritisches Augenmerk, vor allem in der Ausstellung der Münchner Sezession. Sein Bild dagegen hält er für verschenkenswert. Auch seinem Freund Paul Ehrenberg gab „Tommy" ein solches Porträtfoto mit auf die Reise, wobei er darauf noch Eichendorff zitierte: „Wo zwei sich treulich nehmen und ergänzen, / Wächst unvermerkt das freud'ge Werk der Musen." Dieser junge Herr aus Lübeck in München stellt bereits vor, was er sich zu sein vorstellt.

30.IV.1900

Sinnende Idylle im Korb

Der Strandkorb als geistige Brutstätte; Thomas Mann als Fünfundzwanzigjähriger. Dass der Schauplatz dieser scheinproduktiven Versonnenheit ein Lieblingsort des Lübecker Patriziersohns, der vor kurzem seinen ersten Roman, *Die Buddenbrooks*, abgeschlossen hatte, der korbbestückte Timmendorfer Strand bei Travemünde sein könnte, dagegen sprechen allein schon Blumenstrauß und betont adrette Kleidung. Aller Wahrscheinlichkeit nach handelt es sich um eine gestellte Studioaufnahme. Die sorgfältig gepflegte Hand hält den Füllhalter oder fülligen Tintenstift bereit, um einen Einfall sogleich zu Papier zu bringen. Noch ist das Blatt unbeschrieben, ist es wohl schon seit Geraumem, denn die Zigarette in der Linken, die Entsprechung zum Schreibgerät, ist bereits zur Hälfte abgeraucht. Dieser junge, betont nachdenklich gestimmte Herr trägt ein bis zum Halsansatz entschieden zugeknöpftes Gewand, keine Joppe, sondern ein hochgeschlossenes Jackett, das gerade noch den Blick auf die Krawattennadel und den wie die Manschetten natürlich tadellosen Stehkragen freigibt. Der Blick ist nicht auf den Schreibbogen gerichtet, sondern gleichzeitig nach innen und außen; er schweift nicht, sondern fasst das Nahe-, aber nicht Nächstliegende ins Auge. Der Schnurrbart hat etwas Katerhaftes; die Spitzen wirken nicht ganz unter Kontrolle; dürften aber des Nachts zeitüblich mit einer Bartbinde gezähmt worden sein. Die vom jungen Kaiser Wilhelm (II) hof- und zivilfähig gemachte flach-spitze, steil nach oben gezwirbelte „Es-ist-erreicht"-Schnurrbebartung hat dieser junge Schriftsteller und dazu Redakteur der satirischen Zeitschrift *Simplicissimus* hier (noch) nicht übernommen. Das sonst glattrasierte Gesicht, das aus der hohen Stirn gekämmte, kaum sichtbar gescheitelte Haar – es fügt sich ins Bild eines Träumers im Bürgergewand. Mag dieser Strandkorb auch in einem (wohl Münchener) Atelier gestrandet sein, bald wird dieser junge Autor, der da in ihm täuschend sinniert, die weite literarische Welt der Moderne fest im Auge haben, wenn er denn aufblickt.

Noch einmal um 1900 als Parkspaziergänger in München mit Melone und selten zufriedenem Lächeln; mit leicht zurückgebeugter Überlegenheitsgeste, als könne ihm die Welt fortan nichts mehr anhaben.

Unterwegs mit dem Fahrrad im Flachland um München mit Freund Paul Ehrenberg, abermals um 1900. Es ist, als hörte man eine der kleinen Melodien des vom Velo begeisterten Erik Satie dazu, die *Gnossiennes* etwa oder die *Gymnopédies.*

Selbstbetrachtungen eines Arrivierten

Gewusst wie

Noch ist der Schnurrbart geschweift. Tommy, wie ernst nahm er sich wirklich? Ein Anflug von Ironie, sitzend, (Wild-)Lederhandschuhe in der Rechten, die halb gerauchte Zigarette in der Linken; stehend ganz ohne Ironie; man stellt etwas dar, heiratet in eine der besten Familien Münchens ein, hat die Novellen *Tristan* und *Tonio Kröger* verfasst und mit der skandalträchtigen, zunächst wieder zurückgezogenen Erzählung *Wälsungenblut* die Geschwisterliebe im Hause Pringsheim parodiert, wobei man ihm wieder einmal nichts von alledem ansieht.

Herr ohne und mit Hund

Herr mit Hund am See; die Idylle lockt. Der urbane Autor auf dem Land, im Schilf, auf schmalem Steg oder vor einem übermannshohen Baum, Verwurzelung andeutend. Mit dieser Kleidung ist es unwahrscheinlich, dass er mit der Natur in zu enge Berührung kommt. Die Geste vor dem Baum hat etwas leicht Gebieterisches; der Hund hat wohl das Kommando erhalten, etwas zu suchen, worum sich dieser aber nicht schert. Übrigens ist man inzwischen erstmals Vater geworden.

Blick-Fang

Der Blick ist erstmals stechend, die Optik überscharf; der Vatermörder gewährt Hals und Kopf wenig Bewegungsspielraum; dem etwas angelesenen Buch gilt keine weitere Aufmerksamkeit, sondern allein dem (künftigen) Betrachter dieser Photographie. Neuerliche Vaterschaft – und das Renaissance-Drama *Fiorenza* ist geschrieben. Auffällig: der hochgeschlossene Zweireiher, der etwas auf bürgerliche Weise Uniformiertes hat. Wellen weist der Schnurrbart, so breit er noch ist, keine mehr auf. Immer wieder steht zu lesen, Thomas Mann sei scheu gewesen, verhalten in jenen frühen Jahren. Die Photos *wollen* das Gegenteil belegen. Sie scheinen aufgenommen, um diesen Eindruck zu widerlegen.

Was wäre, wenn …

Nichts ist vordergründiger als ein markanter Hintergrund: Thomas Mann vor einer übergroßen Villa mit weißem Hut der widrigen Witterung trotzend (die Blätter sind gefallen oder noch nicht gesprossen), auf dem Wege zur unanfechtbaren Selbstrepräsentation.

Zu Gast bei sich selbst

Um 1905, ein Arrivierter am Schreibtisch mit melancholischer Denkerpose, der sein mehr scharfer als nachdenklicher Blick zu widersprechen scheint. Scharf geschnittene Gesichtszüge; der Kragen so unbequem wie die Manschetten, das aufgeschlagene Buch wartet darauf, weitergelesen zu werden. Nicht minder wichtig: das ovale Selbstporträt des Fra Bartolommeo, des florentinischen Künstlerklosterbruders, der zum Jahr der Heirat mit der bildschönen und klugen Professorentochter Katia Pringsheim so gar nicht passen will, allenfalls als Kontrastprogramm – und als Einstimmung auf Thomas Manns Renaissance-Drama *Fiorenza*.

Scheinbehaglichkeit

Es gibt sie, die gelinde Entspannung im wohlgepflegten Garten; der steinerne Tisch verrät Solidität, auch im Freien; die Linke gibt sich lässig, der Kragen ist umgelegt, die Krawatte gar leicht gelockert; aber das Kissen ist der eigentliche Blickfang; es könnte aufwändiger nicht gearbeitet sein: Dieser Kopf braucht eben etwas Besonderes, um ruhen zu können.

Der Hypochonder als Souverän

Am Weißen Hirsch in Dresdens Villenstadtbezirk Loschwitz um 1906, ein Sanatoriums- und Kurgebiet von europäischem Rang. Nach der Methode Lahmann begibt man sich hier – im Zeitalter der nervösen Zustände – in Naturheilbehandlung. Die kleine Schiller-Novelle *Schwere Stunde,* die gewichtige Erzählung *Wälsungenblut* und der Familienstreit darüber, das Drama *Fiorenza*, die Geburt von Erika und Klaus liegen zum Zeitpunkt dieser Aufnahme wohl hinter ihm – vor ihm die Arbeit am Roman *Königliche Hoheit*, dem zweiten Roman nach *Buddenbrooks* – und damit wie alles Zweite das schwierigste. Auch wenn er als nervös Kränkelnder sich den Weißen Hirsch leistet, er strahlt Souveränität aus, vielleicht eine Spur zu bemüht.

ARCHIV

Pflicht als Neigung

Eine Atelieraufnahme, aber ohne Plüsch und Plunder. Die Wand scheint holzgetäfelt, das Lesen simuliert, ein Blättern beinahe mit abgespreizten Fingern. Es ist 1910. Der zweite Roman liegt hinter ihm, *Königliche Hoheit*; nach *Buddenbrooks* halten ihn manche für eine gelinde Enttäuschung. Noch kommt man nicht vorbei am Vatermörder, wenn man nach etwas aussehen will, auch wenn der Ausdruck leicht verwundert ausfallen kann, vielleicht auch darüber, dass die Zigarettenaschenspitze hält und nicht kippt. Es wurde zudem Zeit für mehr und mehr Aufnahmen am Schreibtisch; sonst hätte doch ein falscher Eindruck entstehen können. Das Arbeitszimmer sollte sich von nun an als das beste Photoatelier erweisen, auch wenn Manches noch nach jungem Generaldirektor aussieht.

München 1920, Photopostkarte zur Selbst-Verschickung.

Der Repräsentant des spätbürgerlichen Selbst

Was im Blick liegt

Selten, dieser Blick bei ihm, von unten herauf, leicht herausfordernd, so wie die neue Zeit um 1920 ihn herausfordert. Und er nimmt sie an, die Herausforderung. Woraus sie besteht? Der breite Nadelstreifenanzug verrät es: Die Bürgerlichkeit ist großspuriger geworden. Keck wirkt er hier. Die Aufgaben, die vor ihm liegen, die er sich selbst stellt, sind erheblich: Es gilt, sich zur neuen (Weimarer) Republik zu bekennen, sie zu repräsentieren, sogar in Paris (1926), vor allem aber den *Zauberberg* wieder aufzunehmen und zu Ende zu bringen, mit ihm ein Zeitbild zu entwerfen, der Zeit seinen Stempel aufzudrücken. Vielleicht auch deswegen diese Photopostkarte mit Unterschrift. Interessant der Schriftzug, halb Sütterlin, halb lateinische Schrift, halb konservativ, halb modern – mit bestimmtem Seiten- und Aufblick ganz und gar ins Heute.

Hüter in eigener Sache

Wir blicken zu ihm auf: wie er da steht, ca. 1921, in einer Ecke zwischen Tür und Fenster, die Arme angewinkelt, frontal zur Kamera gerichtet mit Hut und schildhaft wirkendem Mantel, als müsse er sich vor der Außenwelt schützen, den Schirm/Spazierstock an den linken Arm gehängt, während die rechte Hand in der Manteltasche ruht. Man hat den Eindruck, er würdige uns Beschauer keines Blickes. Das ist die Zurschaustellung einer Überlegenheit: Ich weiß, dass alle ihre Augen auf mich richten. Im Hintergrund ist zu erkennen, wie einige einen Blick zu erhaschen versuchen, geradezu schaulustig herüberschauen. Doch der Photographierte, von dem man nicht weiß, ob er gerade eingetreten oder auf dem Weg hinaus ist, quasi auf dem Sprung, scheint fast argwöhnisch-divenhaft in (s)eine (linke) Ecke zu blicken, am eigentlichen Geschehen vorbei.

Stille Zwiesprache

„Litterat als Abenteurer" – auch das war Thomas Mann, ein gewagter Schriftsteller. Wobei er zwischen dem „Typus Henry" unterschied, seinem Bruder Heinrich Mann, der diese Kühnheit (vor allem) nach außen hin zu verkörpern versuchte, und jenem, den er selbst nahezu in Perfektion personifizierte, dem inneren Abenteurer; denn als Literat, so hielt er einst in einem seiner Notizbücher fest, sei man „innerlich immer Abenteurer genug", man müsse diesen nicht auch noch nach außen hin ausleben. „Äußerlich soll man sich gut anziehen, zum Teufel, und sich benehmen wie ein anständiger Mensch". Hier sitzt er also seelenruhig am Schreibtisch, dieser gutangezogene, nach außen hin nüchtern wirkende Schriftsteller, und blickt auf eines seiner Manuskripte; die Photographie zeigt ihn im Halbprofil nach links, mit Brille, den Kopf auf die rechte Hand gestützt, wie er, man möchte meinen: träumerisch in seinem Werk liest. Zum tadellosen Auftritt gehört wie selbstverständlich auch zu Hause das weiße Einstecktuch.

Staunen vor dem „Wohllaut“

Jetzt können ihm die Musikplatten vorspielen. Das aufwändige, kostspielige, aber arbeitsnotwendige Grammophon ist da. Es steht denn auch in nächster Nähe zum Schreibtisch. Nicht ohne sinnende Verwunderung besieht Thomas Mann, gekleidet wie zu einem Konzertbesuch, im Arbeitszimmer das Wohlklanggerät. Das Platten-Hören gehört fortan zum Alltagsritual im Hause Mann. Ja, er schaut prüfend auf dieses ‚Musikding‘, weniger lauschend, stehend, mit verschränkten Armen. Stellt man sich so den freilich jüngeren Hans Castorp vor, wie er im *Zauberberg*-Sanatorium zu Davos das Grammophon zum Entzücken der moribunden Mitpatienten bedient? Eher nicht. Thomas Mann als Grammophoniker in eigener Sache interessiert sich für das Medium selbst, sein Funktionieren. Er schaut, als wolle er dieses Wunderwerk der Phontechnik durchschauen, ohne sich deswegen die Schauer nehmen zu lassen, die eine dadurch erzeugte Musik in ihm bewirkt.

Dünenpastorale

Sommer 1924, während eines Ferienaufenthalts in Kloster auf Hiddensee. Mit locker verschränkten Armen am Strand, eine Prinz-Heinrich-Mütze in der rechten Hand haltend, das Haar glattgekämmt. Der Schwarz-Weiß-Kontrast der Landschaft steht im Einklang mit der Kleidung Thomas Manns: Die hellen Hosen lösen sich förmlich auf im Sandweißen, während das Jackett mit dem Dunklen des Hügelgefildes korrespondiert. Kein Wunder, dass Thomas Mann hier entspannt(er) in die Kamera blickt: *Der Zauberberg*, „ein Monstrum, sui generis", wie er ihn in einem Brief an Philipp Witkop nannte, ein „Ungeheuer" von einem Roman, an dem er zwölf Jahre gearbeitet hatte (mit Unterbrechung durch den Ersten Weltkrieg), sollte im Herbst des Jahres erscheinen. Aus Kloster auf Hiddensee schreibt er Félix Bertaux: „Er ist ein großer Roman, den ich in den nächsten Wochen zu beenden hoffe, ein Monstrum von 2 dicken Bänden, an dessen schwedischer und ungarischer Übersetzung schon gearbeitet wird, das aber, fürchte ich, in Frankreich und England nur seines Umfanges wegen keinen Eingang finden wird. Es ist ein spezifisch deutsches und grund-wunderliches Unternehmen, eine Art von Modernisierung des Bildungs- und Erziehungsromans und auch wieder etwas wie eine Parodie darauf." Das war am 23. Juli, doch schon kurze Zeit später in Bansin an der Ostsee muss er eingestehen: „An der See sind wir alle, und ich besonders, so gern, daß wir bis 25. [August] prolongiert haben. Absolut fertig wird der Zbg. auch bis dahin nicht!", und einige Tage später die Gewissheit: „Das Buch wird erst im November [1924] erscheinen".

Bürger aus Leidenschaft

Er hat beinahe ein halbes Jahrhundert hinter sich, saturiert im Jahr der Masseninflation, ein Bürger im hellen Wollstoff-Jackett, die Zeit, die Kamera, die Welt genau im Blick. Die Drapierung des Sesselüberwurfs wirkt dabei wie ein Zitat aus dem Vorgestern.

Distinguiertheit

„Sind Geist und Schönheit Gegensätze?“, fragte sich Thomas Mann in einem seiner Notizbücher. Sind das Innere, also der Geist, und die äußere Erscheinung, analog zur Schönheit, ebensolche Gegensätze? Wie verhält sich das eine zum anderen? Im Notizbuch hat er (sich) folgende Antwort festgehalten: „Der Geist kann sich nach der Schönheit sehnen, mit jener Sehnsucht, die zur Liebe wird, weil sie sich scheut, zum Haß zu werden. Schönheit wird den Geist nie verstehen, entweder scheu meiden oder brutalisiren oder kalt verachten und ablehnen. Wenn der Geist die Schönheit haßt, so ist dieser Haß bloß eine vergiftete Liebe“. Unerachtet wie ‚wild‘ es in seinem Geiste herging, nach außen hin wollte Thomas Mann stets gepflegt wie geschmackvoll auftreten; die geistigen Eskapaden des Abenteurerliteraten wurden auf dem Papier zur literarischen Wirklichkeit, seinem Äußeren sollten sie nichts anhaben, wie auf diesen Bildern gut zu sehen ist: der in sich gekehrte Schriftsteller mit Krawatte und Anzug; oder der leicht versonnene Thomas Mann mit Einstecktuch und Zigarette in der Hand, der Blick sanftmütig-distanziert der Kamera zugewandt, und schließlich der Intellektuelle im dunklen Anzug, wie er da steht, die Brille in der rechten Hand, eine Zigarre in der Linken – die Augen etwas kritisch in die Ferne gerichtet.

Verwandlungen am Strand

Vom Strandläufer bei Kampen auf Sylt (wohl 1927) zum versonnen blickenden, tadellos gekleideten Strandstädter und schließlich im Bademantel am sandumfriedeten Strandkorb, die Arme verschränkt, die Zigarette geübt in der Mundmitte rauchend: Seereizklima und Nikotin in erholsamer Symbiose. Kampen – ohne das Meer geht es nicht, München hin, St. Moritz her. Schließlich ist man doch Hanseat und hat, zwei Jahre ist es erst her, über „Lübeck als geistige Lebensform" reflektiert und in der großen Welt von Paris, am Quai d'Orsay, Deutsches repräsentiert. Aber das Meer ist eben doch noch etwas mehr.

Aufenthalt in Nidden, am Strand, Juli 1930.

Weiterhin Nidden, am Cheminée, Juli 1930.

Photographiert von Fritz Krauskopf (Königsberg): Thomas Mann in Nidden, Sommer 1930.

Photopostkarte, die Familie Mann am Strand, September 1930.

Der skeptische Deutsche

1929: der Blick leicht skeptisch, verwundert. Ist die Nachricht vom Nobelpreis bereits eingetroffen? Sie wird alle Selbstzweifel lösen. An der Weltgeltung ist fortan nicht mehr zu rütteln.

GOODWIN 1930

Gravitätisch entspannt

Im baltischen äußersten Nordosten, auf Nidden, fand sich (1929/30) die Entsprechung zum westlichen Kampen und eine Alternative zu Hiddensee, das Gerhart Hauptmann fest in der Hand hatte. Der Nobelpreis ermöglichte es Thomas Mann, sich hier des Sommers niederzulassen. Denn das Sommerhaus in Nidden war keine Ostseekate, sondern durchaus ein kleines Anwesen, auf einer Düne der Kurischen Nehrung gelegen, keine Villa, eher bodenständig gebaut, aber von rustikaler Eleganz. Thomas Mann tritt auf als Kapitän der Literatur, herrschaftlich winkend, ob mit Schildmütze, städtischem Hut, im Regenmantel mit Stock *und* Schirm oder eben mit Kapitänsmütze. Das Interieur des Sommerhauses wurde ihm zu einer Kajüte der Literatur. 1930 konnte er noch nicht wissen, dass er nur noch zwei Sommer dort würde verbringen können. Strand, Weite – aber er, der Einzelne, ragt für alle sichtbar aus dem Unübersehbaren heraus.

Drei Männer im Schnee

Februar 1931, St. Moritz. Zwei Erfolgsautoren, ein Erfolgsverleger. Zehn Jahre zuvor hat Jakob Wassermann seine Autobiographie *Mein Weg als Deutscher und Jude* veröffentlicht; der Roman *Caspar Hauser oder die Trägheit des Herzens* (1908) war sein internationaler Durchbruch; sein *Christoph Columbus*-Roman (1929) war ein weiterer, aber wie sich herausstellen wird, letzter Triumph. Das Ende seiner ungemeinen Produktivität steht bevor, seine mörderische Verfemung als jüdischer Autor auch. Ahnt er etwas? Der gesenkte barhäuptige Kopf, das auf den unergründlich weißen Boden Schauen, zeugt es von … Minderwertigkeitsgefühlen? Mit Stefan Zweig und Heinrich Mann gehört er doch zu den produktivsten seiner Zunft. Nobelpreisträchtig auch er. Thomas Mann aber steht im Zenit seines Schaffens und Könnens; drum sitzt er in der Mitte, weil er auch im besagten Zenit sitzen bleiben wird – im Grunde bis zuletzt. Das Weltkind in der Mitten, um es mit Goethe zu sagen, überlegen aufblickend, auch im Sitzen alle überragend, gleich neben seinem Verleger Samuel Fischer. Ihm kann's recht sein.

Der Schriftsteller Thomas Mann spricht im Tonfilm.

Erstmals Medienstar

Staatsmännisch geradezu, die Pose, dem neuen Medium, dem Tonfilm sichtlich gewachsen; es geht bei der bevorstehenden oder bereits getätigten Ansprache im Lessing-Jahr (1929) um Aufklärung über den Aufklärer unter den Dichtern. Da kommt Thomas Mann das neueste Medium gerade zupass. Auch wenn er dabei sein Publikum nicht sieht, er nimmt es in den Blick, wird gestochen scharf seine Worte zu wählen wissen und dabei so manches über sich preisgeben, zum Beispiel sein schieres Vergnügen an dieser ungewohnten Form der Mitteilung.

Schreibandacht

Der schreibende Zauberer in einem weißen Leinenanzug, hier zu sehen in seinem Arbeitszimmer in Münchens Poschinger Straße 1 im vornehmen Stadtteil Bogenhausen anno 1930. Adrett gekleidet und mit Brille lehnt er sich zurück und scheint nachzusinnen. Dabei bleibt die rechte Hand in Bereitschaft, hält das Schreibutensil fest, als gelte es, den nächsten Gedanken sogleich auf das Papier zu bringen. Rechts daneben ist eine Porträtaufnahme von Katia Mann zu erkennen. Das war sechs Jahre nach Erscheinen des *Zauberbergs* und nicht lange nach der Verleihung des Nobelpreises. Thomas Mann erstaunte über die Lorbeeren, die ihm auch 1930 noch zuteil wurden, wie er André Gide berichtete: „Es ist mir sonderbar ergangen mit diesem Buch. Ich hatte mir inbetreff seiner Aufnahme beim Publikum, wie gewöhnlich, wenig Hoffnung gemacht und war vollkommen überrascht durch die warme, in hohen Auflagen sich ausdrückende Sympathie, die es in Deutschland und dann auch in Amerika fand." Auch Max Brod gestand er im Herbst 1930, er sei „aus dem kopfschüttelnden Staunen über diesen äußeren Erfolg Jahre lang nicht herausgekommen". Zwar behaupteten einige Kritiker, es handle sich beim *Zauberberg* gar nicht um einen Roman oder eine Dichtung im eigentlichen Sinne, sondern um „ein Werk des Verstandes und der Kritik"; Mann war aber überzeugt, dass gerade dieser Roman, noch mehr als *Buddenbrooks*, die Zuerkennung des Nobelpreises rechtfertigte. „Diese Stellung in der Welt" – die Stellung als Nobelpreisträger – „ist tatsächlich erst durch den verpönten Roman geschaffen worden, dessen rein narrative Eigenschaften meiner Überzeugung nach doch seinen analytischen so weit die Waage halten, um das Ganze als Komposition und Kunstwerk haltbar zu machen."

THOMAS MANN
in Nidden.
Phot.
Krauskopf

Façon bewahren, selbst in den Ferien

Im Vergleich zur vorigen Aufnahme an diesem Platz (S. 76) nun mit dem Betrachter zugewandtem, deutlich herablassendem Blick, der verrät: Man ist jemand. Und wie. Wenige Monate ist es erst her – und man wurde mit dem Nobelpreis ausgezeichnet. Man ist Mann. Eine entsprechend irritierte Herablassung, womöglich gar Verachtung – gilt dem Betrachter, als störe er. Und doch will man, er, Thomas Mann, gesehen werden, Ferien hin oder her.

Auch hier auf Nidden, in der Sommerfrische, achtet man auf Form: Selbst im Sitzen ein zugeknöpfter dunkler Zweireiher, obligates Einstecktuch, helle Flanellhose, man vermutet: weiße Schuhe; dazu ein weißes Hemd mit Krawatte, die Rechte ruht auf einem Manuskript neben der Reisebriefmappe, die Zigarette glimmt in der Linken; der Schreibtisch, polierte Tischplatte, glatt, ohne Schnörkel: nicht ganz das übliche Möbelniveau, das man aus Münchens Poschinger Straße gewohnt ist, aber man befindet sich eben auf Nidden, für drei Sommer (1930–1932) Naturidylle am baltischen Meer mit Blick auf das Kurische Haff. Der Schreibtisch ist unüblicherweise gegen die Wand gerückt, jegliche Aussicht vereitelnd, dafür hatte man draußen Ausblick in reichhaltigster Fülle. Der Heizkörper deutet auf Komfort, auch wenn die Szene etwas betont Nüchternes hat; die Wand ist kahl, der Lampenschirm nicht ganz geschmackssicher. So stilecht das Äußere des Ferienhauses von Hans Reissmann, dem Architekten aus dem ostpreußischen Memel, auch gebaut wurde, dieses Interieur wirkt eher nach Neuer Sachlichkeit und Bauhaus. Die Aufnahme stammt von Fritz Krauskopf, einem bekannten Photographen mit Atelier in Königsberg. Thomas Mann hätte den Namen erfunden haben können. Rein optisch korrespondieren der Porträtierte und die Schreibtischlampe, deren hütchenhafter plissierter Lampenschirm ein ironisches Pendant zum gestreng blickenden, so gar nicht entspannt wirkenden Feriengast im eigenen Sommerhaus bildet. Er konnte noch nicht ahnen, dass ihm im Sommer 1932 just hier, in dieser Idylle, ein Paket mit einem angekohlten Exemplar der *Buddenbrooks* anonym zugestellt werden würde.

Verandazufriedenheit

„[J]a den Humor nicht vergessen!" – scheint sich Thomas Mann gedacht zu haben, als er sich auf der Veranda von Samuel Fischer in Berlin, im Jahre 1929, ablichten ließ mit nach hinten verschränkten Armen, im hellen Dreiteiler und weißem Einstecktuch. Sein Lächeln, die spitzen Augenbrauen: geradezu mephistophelisch! In seiner *Pariser Rechenschaft* von 1926 hatte Thomas Mann erläutert, wie es sich bei ihm mit dem Humor verhielt: „zeit meines Lebens ist mir das Epische selbst mit dem Humoristischen fast auf ein Haar zusammengefallen, und auf nichts in der Welt bin ich stolzer als auf die Notizen über den Humor, mit denen Arthur Schnitzler die Lektüre des ‚Zauberbergs' begleitet hat und unter denen man das lapidare und schlagende Wort findet: ‚Der Humorist lustwandelt innerhalb der Unendlichkeit.'" Im Gartenstuhl sitzend hat sich der Gesichtsausdruck plötzlich verändert, argwöhnisch schaut Thomas Mann direkt in die Kamera, die Augenbrauen leicht angezogen, als würde er ironisch fragen wollen: Ist das so? Beide Auftritte, so gegensätzlich sie auch erscheinen mögen, ergänzen sich, denn was für den *Zauberberg* galt, der, „obgleich er vom Tode handelt, […] ein ‚lebensfreundliches' Buch [ist], eine innere Eigenschaft, die sich äußerlich durch Humor bekundet" – galt erst recht für den Autor.

Innere Sammlung

Auf dem Empfang der Internationalen Studentenvereinigung in Berlin. Nicht vorstellbar, dass er bei solchen Anlässen hätte einnicken können. In der Öffentlichkeit war Konzentration angesagt. Die Rechte signalisiert Bereitschaft, aufzustehen, wenn erforderlich. Bei der Sache sein, auch wenn sie ihn (vermutlich) wenig anging.

Zukunft ins Auge fassen

Doch wieder im Atelier. Der entschlossene Aufblick. Es ist das Jahr der *Deutschen Ansprache*, die er als einen „Appell an die Vernunft“ versteht. Der jetzt Fünfundfünfzigjährige kennt keine zitternde Unterlippe. Er hält sich bereit – für alles.

Träumen gestattet?

Und wieder im häuslichen Umfeld, am Schreibtisch im großen Arbeitszimmer in Münchens Poschinger Straße Nummer 1; es könnte auch ein Amtszimmer in einem Kultusministerium sein. Der private Thomas Mann vermag jederzeit und überall in eine offizielle Rolle zu schlüpfen.

Kunstliebender Klosterbesucher

In Kloster Ettal, kein offensichtlicher Aufenthaltsort für einen norddeutschen Protestanten, mantellos, ohne Schneeschuhe trotz winterlicher Verhältnisse, dafür mit Stock, Mütze und Lektüre, die er halb dem Betrachter hinhält, als solle er mitlesen. An ein Mitgehen mit ihm ist jedoch nicht zu denken.

Auf Ettal folgt Assuan. Unterwegs zu den Pharaonen und zu Joseph in Ägypten. Ein Ausflug aus der Gegenwart in die (noch) hellen Tiefen des Mythos.

Auf dem Dorfe. Partenkirchen im Werdenfelser Land. Es scheint, als habe man das Dorf ausgekehrt, verkehrsbefreit, um es Thomas Mann zu überlassen, damit er es unbekümmert durchstreifen kann.

Einmal wieder St. Moritz, annähernd winterlich ausgerüstet; eindrucksvoll die schneidende Schärfe der Bügelfalten, die mit der Stockspitze korrespondieren.

Und noch einmal St. Moritz; er kann nicht ahnen, dass er es lange nicht mehr sehen wird. Der Gesichtsausdruck verrät, er wollte noch etwas sagen … die Knickerbocker wie im Vorjahr mit weniger ausgeprägten Bügelfalten, neu der breite Kamelhaarschal.

Auf Du und Du mit Goethe vor großem Publikum

Am 18. März 1932, vier Tage vor dem hundertsten Todestag Goethes, stellt er das Weimarer „Weltkind in der Mitten“ (Goethe) als „Repräsentanten des bürgerlichen Zeitalters“ vor und meint damit sich selbst. Der letzte Kulturbürger (und als solchen sollte sich Thomas Mann zu dem Zeitpunkt bereits verstehen) präsentiert den ersten Kulturbürger, und das mit aufgesetzter Brille, denn es ging um jedes Wort, auch wenn er wusste, dass der zu ehrende Goethe nichts mehr verachtete als Brillenträger …

Der Lotse bleibt an Bord der Literatur

Nicht dass der Lotse von Bord geht, erweisen aber wird sich, dass der Abschied von Nidden für immer ist, noch unvorstellbar im Juli 1932, als Thomas Mann mit einem etwas erstaunten Ausdruck etwas Fernes in den Blick nimmt, vielleicht sieht er, dass das Fallreep zu ihm, Lotsen und Kapitän in eigener Sache, auf Abstand geht.

Immer reisefertig

Reisefertig sein, komme was da wolle. Hauptsache unterwegs sein. Präsent bleiben und dabei nicht wirklich greifbar. Selbst auf der strapaziösen Goethe-Reise blieb Zeit für einen Termin im Photostudio: Thomas Mann kam an – als Kultur-Repräsentant eines reisefreudig gewordenen Medienzeitalters.

Emigration in Europa

Der Hanseat im Süden ersten Exils

Juni 1933, die erste vorläufig feste Adresse im Exil, das Thomas Mann sich jedoch so zu nennen weigert: Sanary-sur-Mer, 442 Chemin de la Colline, Terrasse der Villa *La Tranquille*. Kein anderer Weg sollte ihn nach Küsnacht führen. Er sucht auf der gefliesten Terrasse Schatten, aber kein Schattendasein; zu viel Sonnenlicht blendet, verstellt den Blick, nötigt zum Blinzeln. Der Hut nimmt ein Sonnenbad.

Interessenreich

Ca. 1935, Thomas Mann im Gespräch mit einem Unbekannten; man hat den Eindruck, die linke Hand mit Zigarre, die sich hier zwischen Mann und seinen Gesprächspartner zu schieben scheint, sei der eigentliche Mittelpunkt dieser Porträtaufnahme.

Grimmen Blickes auf die Zeit

Allein der Seidenschal verrät weiche Geschmeidigkeit; ansonsten ein Bild der Strenge, ein Blick, der durchdringen will und dessen Kompromisslosigkeit sich auf den Betrachter des Photos übertragen *soll*.

Blasses Erstaunen

Die nächste Terrasse und zweite vorläufig feste Adresse im Exil, das Thomas Mann noch immer nicht als ein solches bezeichnet: Schiedhaldenstrasse 33, Küsnacht / Schweiz. Vermutlich nimmt er ein Gläschen Wermut zu sich, was er sich gerne gönnt. Gottfried Bermann Fischer ist zu Besuch. Es geht darum, wie es weitergehen soll mit dem Verlag und seinen Werken in Hitlers Deutschland. Entsprechend angespannt wirken die Gesichtszüge. Die Lesebrille bleibt ohne sichtbare Lektüre; sie verkürzt den Blick in die Distanz, scheint unnötig.

Kein Vexierbild

1935, ganz im Profil. Zwei Leuchtpunkte: das Einstecktuch und der weiße Kragen. Ansonsten scheint Thomas Mann erstarrt zu sein. Ist das ein Schnappschuss, zufällig entstanden, oder ein willentliches (und unbehagliches) Posieren von der Seite? Zumindest kann er sich zurücklehnen, auch wenn von Entspanntheit hier nicht die Rede sein kann. Weiß er von der entstehenden Aufnahme, vom baldigen Klick? Einst hatte er sich notiert: „Es genügt, daß ich mich selbst durchschaue, um mir Unbehagen, ja Ekel zu verursachen. Goethe sagt, daß er die Welt durch Anticipation gekannt habe, und daß sie ihm, als er sie später fand, wie er sie sich gedacht, sie ihm Ärger verursachte. Dieser Ärger ist etwas sehr Interessantes. Psychologie kann eine Form von Trübsinn sein …" – dachte er hier gerade an Goethe?

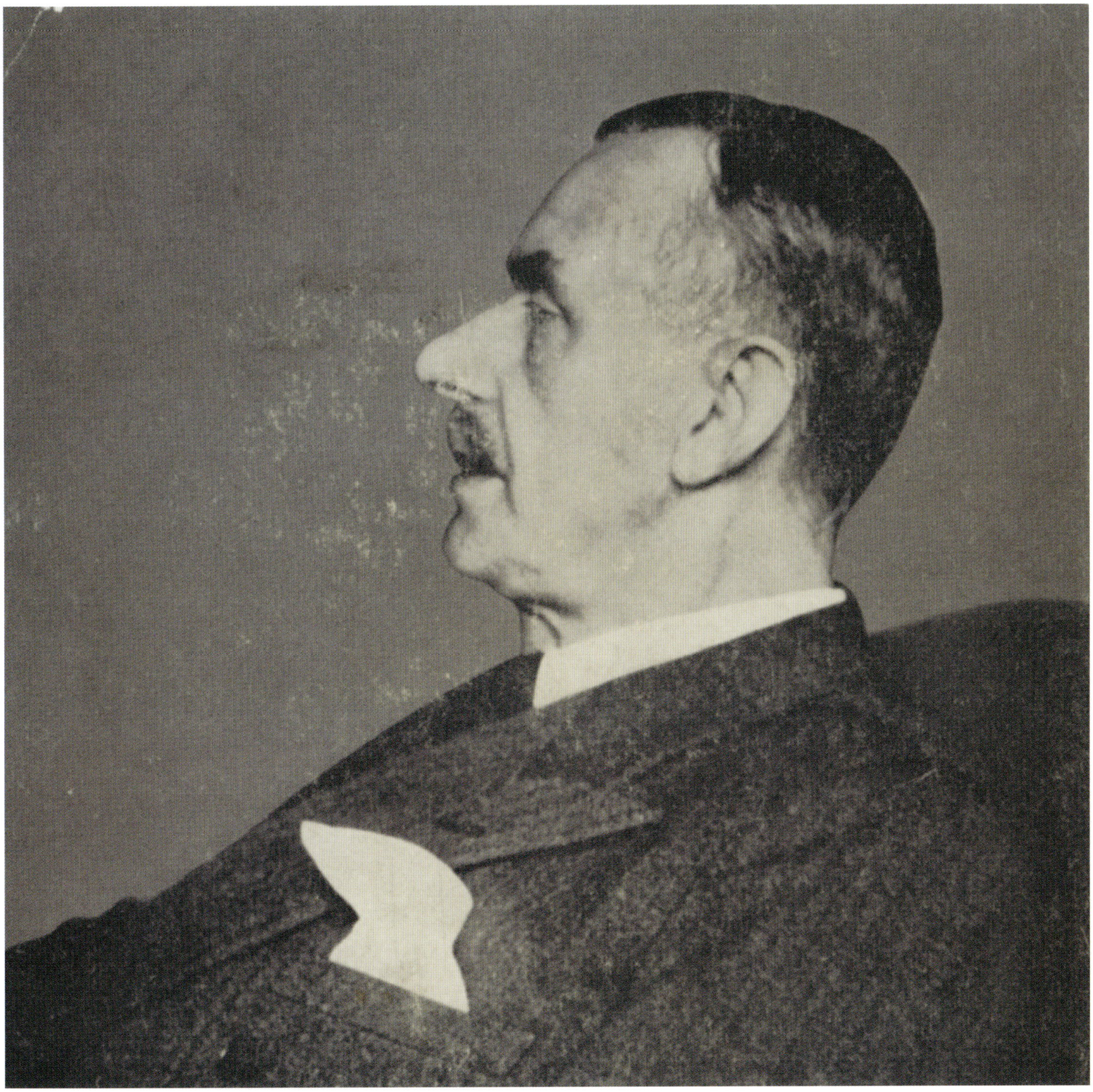

Ein geschniegelter Thomas Mann, ca. 1935.

Wie man sich fängt

Etwas Entspannung im Exil, Thomas Mann in Le Lavandou im Süden Frankreichs, im Jahre 1936, auf einer Gartenbank sitzend. So gelassen und leger, mit übereinandergeschlagenen Beinen und einem Lächeln auf den Lippen – sieht man ihn selten.

Galaauftritt vor Büchern

Der Überlegene vor einem Bücherregal, ca. 1935. Er trägt einen Festanzug, dem Stelldichein mit dem Geiste angemessen, hält Bleistift und Papier in der Hand, hat die Augen nach unten gerichtet: wo er sich etwas notiert. Lassen wir unseren Blick länger auf seiner rechten Hand verweilen, verwandelt sich uns der Siegelring in ein (offenes) Auge. Doch eine solche Überlegenheitsgeste verfehlte seine Wirkung ohne ein bürgerliches Äußeres. Bürgerlichkeit hieß für Thomas Mann ‚Ausgewogenheit', wie er in *Lübeck als geistige Lebensform* im Mai 1926 ausgeführt hat: „wer Deutschtum sagt, der sagt Mitte; wer aber Mitte sagt, der sagt Bürgerlichkeit, und er sagt damit […] etwas genau so Unsterbliches, wie wenn er Deutschtum sagte."

Souveräne Nachdenklichkeit

Am 60. Geburtstag in Küsnacht. Das Einstecktuch gleicht einer weißen Flamme. Etwas will demnach lodern hinter diesem Ausdruck souveräner Selbstreflektiertheit. Arbeit wartet, viel Arbeit, so aufgeräumt der Schreibtisch auch ist. Unnahbar wirkt er, aber nicht abweisend; einsam und umworbener denn je; angefeindet, umstritten, auch in Emigrantenkreisen, beneidet nicht minder: Thomas Mann, ein Solitär und Ruhepol inmitten einer immer gefährlicher brodelnden Welt.

Riskante Huthöhe

Unterwegs auf den Straßen von Budapest, es ist kalt, Januar 1935, dennoch hat sich Thomas Mann den Handschuh abgestreift, um eine Zigarette zu rauchen; sie bleibt zwischen den Lippen kleben, ganz lässig, während er mit einem anderen Herrn spricht und die Sonne auf sie scheint. Allein der karierte Mantel schmälert diese gekonnt zur Schau gestellte Lässigkeit, hat er doch etwas ‚Mustergültiges', wohl gar ‚Kleinkariertes'. „Die Leute wollen immer etwas ganz anderes sein, als sie sind", hatte er zehn Jahre zuvor in einem Gespräch mit Bernard Guillemin behauptet. Er selbst dagegen war immer er selbst, und dabei ein schier unfassbar facettenreicher und vielschichtiger Charakter.

Landschaftsversonnen

Thomas Mann als Waldgänger, an Windbruch vorbei, an einer ausgeholzten Weggabelung auf dem Pfannenstiel bei Küsnacht. Frau Katia als kleine Figur im Hintergrund gibt, nach vorne gerichtet, die Richtung an, ohne sich umzudrehen, darauf vertrauend, dass *er* schon nachkommen wird. Er ist es, der sich umwendet, zurückblickt. Zuweilen aber geht es nur weiter, wenn man den Dingen den Rücken zeigt.

Beinahe wie immer

Im Korbsessel auf der Terrasse in Küsnacht (genauer: Schiedhaldenstrasse 33), adrett und vergnügt, die Zigarre darf dabei natürlich auch hier nicht fehlen. Thomas Mann blinzelt flüchtig in die Kamera, als wolle er ein Zeichen geben: Ich weiß von dir. Das ist wohl ohnehin die Frage, die wir uns bei der Betrachtung (nicht nur dieses Bildes) stellen müssen: Weiß Thomas Mann von der Kamera, bleibt sie ihm stets gegenwärtig, oder gerät sie allmählich in Vergessenheit? Oder befindet er sich gar in einem ständigen Wechsel zwischen einem absoluten Bewusstsein: Ich werde photographiert!, und einer Vergessenheit; immerhin hatte er sich einmal notiert: „Die Vergeßlichkeit als nothwendiges Zubehör der Gesundheit." Vielleicht macht dieser seltsame Schwebezustand den eigentlichen Charme vieler Bilder aus.

Edel sei der Mensch – in jeder Umgebung

An Bord und an Deck des Passagierdampfers „Berengaria", auf dem Weg zurück nach Europa. Schäbig sehen hier nur die gescheuerten Holzdielen und der Stuhl aus, auf dem Thomas Mann sitzt. Angesichts seiner Kleidung – einschließlich Gamaschen auf einem Überseedampfer – würde man einen glatten Parkettboden erwarten, einen eleganten Fauteuil. Ein Manuskript ist immer zur Hand; vielleicht gilt es, Passagieren der Ersten Klasse daraus vorzulesen. Ohnedies wird er nicht lange hier mit diesem Ausfallschritt sitzen. Er hat sich aber auch nicht nur auf einen Sprung niedergelassen. Er ist hier einzig wegen des Bild- und Motivkontrastes: dunkler Anzug gegen überhellen Hintergrund; dabei verdüstert sich der Himmel über Europa täglich.

Nikotin, zentriert

Wie abwesend der Blick, und zugleich zielstrebig konzentriert, die Bewegung der Hand im Moment eingefangen; die dunkle Krawatte scheint sich wie eine Schlange auf der Brust zu winden. Die Aufnahme zeigt Thomas Mann in Salzburg im Sommer 1935. Der Anzug, die Krawatte, das Einstecktuch, ja gar die Zigarette – alles schon einmal gesehen! Unser Schriftsteller wusste: „Alles Leben ist Wiederkehr und Wiederholung, und der sogenannte ‚Charakter' des Individuums eine mythische Rolle, die in der Illusion origineller Einmaligkeit gespielt wird, gleichsam nach eigenster Erfindung und auf eigene Hand, mit einer Sicherheit, die der Spieler aber nicht aus seiner vermeintlichen Erst- und Einmaligkeit schöpft, sondern im Gegenteil aus dem tieferen Bewußtsein, daß etwas schon Gewesenes, Erwiesenes und Gültiges mit ihm wieder am Lichte ist und Gegenwart wird."

So könnte es weitergehen

Frontale Ganzaufnahme (14. 10. 1935), Küsnacht. Er schmunzelt, strahlt eine gewisse Gutmütigkeit aus; die rechte Hand versteckt sich in der Jackettasche, der linke Arm ist am Torso, angewinkelt – und (so gut wie) immer gegenwärtig: die Zigarre. Ob er nach der Aufnahme die Treppe hinaufgegangen ist?

Auf seiner Terrasse im Jahre 1936, vereinzelte Blätter werfen ihren Schatten auf Thomas Manns Gesicht. Dieses Mal raucht er eine Zigarette, die sich im ‚farblichen' Einklang mit dem hellen Einstecktuch befindet.

1936, die gestikulierende rechte Hand bleibt unscharf.

Zwei Stühle finden einen Autor

Thomas Mann einmal ganz spontan: Während eines Vortrags in New York, wohl im Jahre 1937, gestikuliert er mit der linken Hand, während die rechte kontrastiv auf dem Rednerpult zu ruhen scheint, der Mund dabei weit offen. Ansonsten zeigt diese Momentaufnahme aber einen wie immer stets adretten Schriftsteller im Maßanzug mit Einstecktuch, leicht nach vorne gebeugt, ohne dabei seine bürgerliche Eleganz zu verlieren. Diese Schnappschüsse verdanken wir dem Photographen Eric Schaal, der hier im Publikum sitzt und uns Betrachter dadurch perspektivisch ins Parkett versetzt. Wie Thomas Mann wohl über dieses bestimmte Bild geurteilt hätte? Es ist bekannt, dass derartige Spontanaufnahmen, die den Redner, man möchte sagen: auf frischer Tat ertappen, Thomas Mann ein Gräuel waren. In einem Brief an Agnes E. Meyer im Juli 1944 urteilt er, auf ein Bild bezugnehmend, das seine Freundin bei einer Rede in Pittsburgh zeigt, wie folgt: „Das Bild kann mir nicht gefallen. Es ist immer eine Indiskretion, einen Redner, und nun gar eine Rednerin, im Zustande der Produktion, mit offenem Mund und heissen Augen, zu photographieren."

Ausdruckspalette

Photographiert von Eric Schaal im April 1937 in New York (Kontaktabzüge). Mal mit offenem Mund und schüchtern gesenktem Blick, dann wieder selbstsicher ‚in die Ferne' schauend, zuletzt mit verträumtem Blick.

Kontaktabzug, New York, wohl 15. April 1937.

Kopf auf die linke Hand gestützt, New York im April 1937.

Erleichtert?

Abschied von Proseč, in Tschechiens Mitte. Im Wintermantel mit breitem Bieberkragen und wieder zwei Stöcken. Mit Bruder Heinrich hatte die kleine Stadt ihm das Bürgerrecht verliehen und damit den weiteren Aufenthalt in der großen Welt ermöglicht. Die Geste nimmt den nun möglichen Abschied von Europa vorweg.

Sitzproben vor dem Abschied

Versonnen in den Abschied aus Zürich, aus der Schweiz; es ist der 13. September 1938, genau ein halbes Jahr ist seit dem Anschluss Österreichs an Hitler-Deutschland vergangen. Thomas Mann, ein Scheineinsamer auf der Bühne des Zürcher Schauspielhauses, als sei es ein Ein-Mann-Stück, das es hier noch aufzuführen gilt. Smoking mit Fliege: der Adlige des Geistes fühlt sich verpflichtet. Noch ist der Tisch vor ihm leer, vermutlich eine Aufnahme vor Beginn der Veranstaltung vor überfülltem Hause. Er wird aus *Lotte in Weimar* lesen und seinen „Dank an Zürich" abstatten. Hier habe er sein „reifstes Buch" geschrieben, gemeint war *Joseph in Ägypten* und einen „schon aus Jugendtagen stammenden Traum" zu verwirklichen begonnen, „von Goethe selbst zu erzählen, seine Gestalt in meinem Wort erstehen zu lassen". Er zollt dem „Schweizer Leben" Tribut, der „schweizerischen Landschaft, schweizerischer Menschlichkeit" – ein Echo auch auf die „Landi", die Schweizerische Landesausstellung, die er im Monat zuvor besucht hatte, diese etwas verzweifelte Selbstdarstellung der „politischen Willensnation Schweiz", als die auch Ernest Renan Helvetien gepriesen hatte. Thomas Mann spricht im Tagebuch vom „Eindruck rührender Selbstverherrlichung, berechtigt, gewinnend, notwendig." Mit diesen Worten hätte sich auch dieser sein vorerst letzter Auftritt in der Schweiz bezeichnen lassen.

Der deutsche Weltbürger im amerikanischen Exil

Weltorientierung

Auf der letzten Überfahrt nach Europa vor dem Ausbruch des Zweiten Weltkriegs, am 12. Juni 1939, sechs Tage nach seinem vierundsechzigsten Geburtstag, auf der *Ile de France*. Thomas Mann wirkt angegriffen, erschöpft. Er blättert in Zeitschriften, Gazetten; es hat den Anschein, als habe er eine Seite aufgeschlagen, die in der linken oberen Hälfte ein Bild von ihm zeigt. Er scheint etwas sagen zu wollen, versagt es sich aber. Entweder war der Passierdampfer tatsächlich so spärlich mit Reisenden bestückt, oder man hatte den Lesesalon auf Geheiß des Chefstewarts geräumt für diese Aufnahme: Thomas Mann, allein auf sich gestellt zwischen den Welten auf hoher See.

New York, zum Beispiel

Als wüsste er nicht, dass er photographiert wird. Immer bedurfte es der Distanz. Gerade in New York, wo diese Aufnahmen im Frühjahr 1937 entstanden sind, kam die „nordische, protestantische, moralische, will sagen *deutsche* Grundtendenz [s]eines Wesens u. [s]einer Künstlerschaft“ im bürgerlichen Auftreten konsequent zur Geltung. Und wer ihn als Inbegriff des ‚Kulturbürgers‘ verstand, dem gab Thomas Mann recht: „denn aus einem Instinkt, der bis ins Bewußtsein reichte, hielt ich fest an der mir eingeborenen bürgerlichen Überlieferung, dem Bildungsgut des neunzehnten Jahrhunderts, mit dem sich in mir ein ausgesprochener Sinn für Größe verband.“

Sinnend in Princeton (1938).

Beim Essen, ca. 1938, frappante Döblin-Ähnlichkeit.

Szenen eines Stelldichein

Was auch immer er macht, ob er isst, trinkt oder posiert, die Zigarette hält er stets in der Hand. Der Anzug sitzt, die Brille auch. Etwas magerer als sonst, genießt hier Thomas Mann das gesellige Beisammensein (u. a. mit seiner Frau Katia, die zu seiner Linken sitzt). Auch über diese Art von Glück hatte er sich früh Gedanken gemacht, über die wohltuende „Mattigkeit, die nach dem Essen mit Wein eintritt. Abspannung und langsamer, voller Herzschlag." Mag sein, dass sich Mann nach dieser nachmittäglichen Geselligkeit ein Nickerchen gegönnt hat.

Nach dem Essen.

1938, der freie Blick im US-Exil.

Im Garten in Princeton (1939), die Brille besehend, auf einem Beinahe-Schaukelstuhl.

Princeton 1939, *Bruder Hitler* ist veröffentlicht, *Lotte in Weimar* geschrieben: der Höhenkennerblick.

Als wär's ein Witz von mir …

Nicht lächelnd, sondern lachend, mit offenem Mund, sein linkes Bein über das rechte geschlagen, die Brille in der Hand haltend, und wohlgenährt, wie es scheint, mit leicht molligen Fingern sitzt Thomas Mann entspannt in einem Fauteuil vor einem Bücherregal, ca. 1939. Ein spontaner Schnappschuss, oder doch gekonnt in Szene gesetzt? Zwar gab es 1939 insgesamt wenig zu lachen, aber bei „Tommy", wie ihn seine amerikanische Mäzenin Agnes E. Meyer gern familiär nannte, lief es gerade rund: Die Familie war in die USA übersiedelt und er konnte umgehend eine Gastprofessur an der Princeton University antreten, wobei er freudig verkünden durfte, „Fortschritte im Sprechen [des Englischen] gemacht" zu haben, im Großen und Ganzen: durchaus Grund zur Freude.

Princeton 1939, der Aufblickdenker.

Im Heimischen sich anschleichen

Der unverhoffte Augenblick: Thomas Mann entgeht der Pose. Eine Dokumentenmappe kehrt in ihren Safe zurück, wobei der Hausherr in Princetons 65 Stockton Street etwas klammheimlich wirkt. Oder lauscht er gar an der Wand, was sich im Nebenzimmer zuträgt. Der Blick ist eben nicht auf den Safe gerichtet, sondern schaut seitlich weg, eben genau so wie man schaut, wenn man lauscht …

Zellenhafte Schreibszene

Beim Eintragen in die berühmten Tagebuch-Wachstuchhefte: Thomas Mann, selten genug, im offenen Hemd, dazu schlecht rasiert, an einem offenbar kleinen Tischchen sitzend; der Raum scheint ungewöhnlich eng für seine Verhältnisse. Man könnte an einen Küchentisch denken, der wohl unwahrscheinlichste Ort für ihn. Das Jahr, vermutlich 1939; könnte auch später sein; er wirkt mager, aber nicht ausgezehrt, konzentriert wie stets. Vielleicht das Bemerkenswerteste an dieser Photographie: dass er sie, sprich: sich, in dieser Weise aufnehmen ließ. Das Bild gleicht einem, paradox gesagt, gestellten Schnappschuss. Er hat hier etwas von einem Arbeiter – am Eigensten, dem Tagebuch, dem gegenüber er geständig war.

Korrekt leger

1939 im Strandkorb bei Noordwijk aan Zee; ein wetterwendischer Juli vor der Weltkatastrophe. Er trägt die vor Ort erworbene „leichte Sportmütze“, wie er im Tagebuch vermerkt; nach der Aufnahme schreibt er weiter am Vorwort zu *Königliche Hoheit*.

Noch in Noordwijk (Sommer 1939), wo er eineinhalb Monate verweilt.

Kultivierte Natur

Galant-lässiger Schriftsteller im Exil, zu sehen während seiner großen Europareise, hier Saltsjöbaden in Schweden, im Frühjahr 1939. Den Spazierstock hat er sich um den linken Arm gehängt, Strohhut und Sonnenbrille hält er in der einen Hand, die andere ruht auf der Hüfte. Ist er dabei aufzubrechen, oder will er sich auf der Bank etwas ausruhen? Er strahlt Zutraulichkeit aus, der leicht angehobene rechte Mundwinkel wirkt verlockend, als wollte er uns sagen: Kommen Sie her, sprechen Sie mich an; als junger Mann hatte er sich notiert: „Wer rein ist, ist zutraulich. Alle Zurückhaltung und Reserve, mag sie noch so ‚adelig' aussehen, beruht auf Unreinheit, Beflecktheit".

Die wartende Bank

Spaziergang bei Saltsjöbaden (Schweden) am 3. September 1939, ein Sonntag, in dessen Verlauf Großbritannien und Frankreich Hitler-Deutschland den Krieg erklären. Spaziergänger zwischen den Welten. Soll er zur Sitzbank gehen, sich niederlassen, die Zeit überdenken, die Weltkatastrophe, die von hier aus weit entlegen scheint, obgleich Danzig nur einen Kurzflug von hier liegt, von wo aus Hitler – er hatte ihn noch im Januar dieses Jahres in einem Essay in einer nur ihm zu Gebote stehenden höchsten ironischen Zweideutigkeit einen ‚Bruder' genannt – Polen vor zwei Tagen überfallen hat. Wie wäre es, auf dieser Bank zwischen Kiefern und Gestein auszuruhen, vielleicht den weißen Hut rücklings in den See zu werfen, den Stock dazu, den er ohnedies nicht braucht; denn er ist gut zu Fuß. Aber er wird weitergehen, die Bank dem Zeitgeist überlassend.

Like a cowboy?

Was könnte weniger zueinander passen als Thomas Mann und Texas? Und doch genau hier, in Fort Worth, ist diese Aufnahme am 22. März 1939 entstanden. Er scheint sich bereits etwas akklimatisiert zu haben. Wie er sich seine Zigarette anzündet: geradezu fachmännisch, man möchte sagen *cowboymäßig cool*. Hat er sich für diesen Aufenthalt im Hotel Texas eigens eine gewisse texanische Coolness angeeignet oder ist das nur Zufall? Obwohl wenige Tage zuvor Katia Mann aus Saint Louis, Missouri, in einem Brief an Agnes E. Mayer noch versicherte: „Meinem Mann geht es mit den abscheulichen Shingles [Gürtelrose] Gottlob auch viel besser, und da Erika ihm alle Strapazen nach Möglichkeit abnimmt, strengt er sich nicht allzu sehr an" – sieht man ihm die Strapazen weiterhin an. Deutlich abgemagert sitzt er da und raucht. Doch die Krankheit erklärt nicht alles, auch die Lage in Europa trägt zu einer psychophysischen Ermattung bei, wie Katia Mann ausführt: „Natürlich regen wir uns über die Weltereignisse sehr auf, und wenn man sich ausmalt, welche grauenhafte Anhäufung von menschlichem Elend diese letzten Tage wieder mit sich gebracht hat, ist es nicht leicht, sein Gleichgewicht zu behalten." Trotzdem glaubten sie zu diesem Zeitpunkt offenbar noch an ein Wunder: „Auf der anderen Seite ist ein gewisser Optimismus im Augenblick vielleicht wirklich berechtigt. Es kann ja garnicht anders sein, als dass das durch seine Erfolge völlig außer Rand und Band gebrachte Monstrum eines Tages zu weit geht, und dieser Augenblick scheint entweder schon gekommen oder ist jedenfalls nahe. Dann wird die Wendung eintreten." Ein Wunschdenken. Zwei Jahre später würde Thomas Mann, dessen Beziehung zu den USA keine einfache war, dann folgenden Vergleich wagen: „Über Amerika sage ich nur, dass isolationistische Ablehnung der menschlichen Gesamthaftung heute eine moralisch unmögliche Haltung ist, und dass mir die Parole ‚America first' nicht gefällt, weil sie mich zu sehr an ‚Deutschland, Deutschland über alles' erinnert."

Zigarrenzauber

Sie muss endlich einmal gewürdigt werden, die Zigarre. Nicht, dass sich nie jemand mit ihr beschäftigt hätte. Die Zigarre bei Thomas Mann ist längst Gegenstand wissenschaftlicher Abhandlungen geworden. Man mutmaßt natürlich orale Libidobefriedigung. Ob angeraucht, abgeraucht oder kunst- bis genussvoll balanciert, immer scheint diese Zigarre auf etwas zu zeigen. Sie gehört zu ihm, mit Bauchbinde; aber er geht anders mit ihr um als Brecht oder Churchill. Der übergenüßlich paffende, hinter Rauchwolken verschwindende Thomas Mann würde nicht ins Bild passen. Ob er sie nach Art des englischen Gentleman vor dem ersten Zug leicht in Brandy tunkte, wie Churchill das zelebrierte, ist mehr als fraglich. Auch wenn er an der Zigarre dem Photographen zuliebe zog, stieß er daraufhin nur kleine Rauchwölkchen aus, einfach um sie steigen zu sehen. Es musste aromatisch glimmen, wenn etwas entstehen sollte. Der Tabakduft durfte unter keinen Umständen süßlich sein, am besten herb anregend, vollblumig, raumfüllend. Pfeifen verschmähte er grundsätzlich, Zigarillos erschienen ihm als nichts Halbes und nichts Ganzes. Zigaretten waren für den Alltag, Nervositätszünder; Zigarren dagegen dienten der Beruhigung, wenn die „Anforderungen des Tags“ (Goethe) hinter ihm lagen. In dieser Hinsicht konnte er sich nicht als Nachfolger des Großen aus Weimar ausweisen; denn Goethe verachtete Tabak in jeder Form, die einzige Abstinenz, die er kannte. Es müssen Zigarrenfirmen ihn umworben haben für Reklamephotos am besten nach amerikanischer Manier schon damals mit einem Werbeslogan als kleiner Sprechblase. Aber dergleichen Ansinnen wäre für ihn allenfalls Schall und Rauch gewesen.

Mit Zigarre (ca. 1940), zuerst skeptisch und hier wieder frohgemut …

… und schließlich der genüssliche Zug!

Das Ärgernis zu niedriger amerikanischer Sessel

„Pallas Athene selbst könnte in mein Leben treten – und es bliebe ihr auch nichts anderes übrig, als mich zu nehmen, wie ich nun einmal bin. Ich weiss mich sehr unzulänglich, aber was ich bin, das bin ich mit Nachdruck", schrieb Thomas Mann während seines amerikanischen Exils. Das, *was er war,* ja mit Bestimmtheit war, sollte auch in den Porträtaufnahmen von ihm zur Darstellung kommen. Zu seinen typischen Wesenszügen gehörte unter anderem ein gediegener, ironisch angehauchter, zuweilen distanzierender Gesichtsausdruck wie in dieser Aufnahme von 1940 in Princeton, wo Thomas Mann seit der Übersiedlung in die USA im Herbst 1938 lebte und durch Vermittlung seiner Gönnerin Agnes E. Meyer eine „Lectureship" an der Princeton University innehatte. Die Ganzaufnahme stellt den Patriziersohn und Schriftsteller in einer fast feierlichen Haltung dar: den Kopf fein nach hinten gelehnt, den Oberkörper und die überschlagenen Beine leicht nach rechts geneigt, dabei stets direkter Blickkontakt mit der Kamera; der prüfende Blick wahrt aber den gebotenen Abstand; mit Festanzug und zierendem Einstecktuch in einem Fauteuil sitzend, wirkt Thomas Mann hier nahezu königlich; es bedarf keiner weiteren Ausführung, dass die Schuhe poliert sind und im Lichte glänzen. Einigen Photographen war dieses gar zu gestellte Posieren jedoch zu steif, sie wollten eine ganz andere Seite des Lübecker Schriftstellers ins Licht rücken, „most informal und natural", wie Thomas Mann es nannte, so etwa ein Photograph der *New York Times*, der im Januar 1942, als die Familie Mann bereits ihr zweites Exilheim in Pacific Palisades bewohnte, „auf der Bildfläche" erschien, um „eine Menge Aufnahmen" zu machen, auch „von dem Grandson, der mich ins Gesicht patscht und mir die Haare zaust". Thomas Mann war ausnahmsweise gewillt, dem Wunsch des Photographen zu entsprechen, „a little happier" auszusehen und das Grandseigneurhafte, das er in der hier abgebildeten Ganzaufnahme unverkennbar zur Schau stellt, beiseite zu legen. Einen besonderen Charakterzug wollte Thomas Mann aber unbedingt in den Porträts dargestellt wissen, nämlich seinen Sinn für Humor. So war er zwar im Allgemeineren ganz zufrieden mit der im *Book of the Month Clubs News* 1944 abgedruckten Porträtzeichnung – man hätte „aus dem unmöglichen alten Burschen noch etwas ganz Passables, zwar leicht Unheimliches, aber auch Neugier Erweckendes gemacht" –, doch darin vermisste er einen wesentlichen Aspekt seiner Persönlichkeit, nämlich die „Feststellung eines sense of humour oder doch for comicality", der sich ja, wie der Autor eigens betont, „gerade im IV. Joseph fast unerlaubt stark hervortut (die Schweizer schreiben, man müsse fast beständig lachen) und wohl auch im Persönlichen nicht ganz fehlen kann." Mag sein, dass bei einer eingehenderen Betrachtung selbst in dieser Aufnahme eine dezente Komik zum Vorschein kommt.

Ehre wem Ehre gebührt

Wo wurde er, der schulische Versager, nicht überall zum Ehrendoktor ernannt? In Bonn (verliehen 1919, aberkannt 1936, 1947 wieder zuerkannt), an der Columbia, der Hobart, in Princeton, der Rutgers, am Hebrew Union College, in Yale, Berkeley, Lund, Oxford, in Cambridge, Jena und zuletzt noch in Zürich (ETH für Naturwissenschaften!), aber eben auch an der Universität Dubuque in Iowa, nicht der bekanntesten akademischen Einrichtung, aber jener mit dem auffälligsten Talar.

Thomas Mann besucht den Verleger Alfred A. Knopf in Purchase, New York (Mai 1940).

In Küsnacht, Mai 1935. Thomas Mann witzelt mit seiner Frau Katia.

I.L.G.W.U
HILLQUIT MEMORIAL HOSPITAL

Im kalifornischen Zwielicht

Noch keine Gefahr in Verzug?

Posieren vor dem Los Angeles Sanatorium, ca. 1942. Körperhaltung und Gesichtsausdruck bezeugen: des Schriftstellers Vitalität und Zielstrebigkeit bleiben auch im Krieg unberührt, wenngleich er in diesem Jahr seiner Freundin und Mäzenin Agnes E. Meyer gegenüber von einer „Emigranten-Psychose" berichtet, ja gar von einer „Glaubenslosigkeit" spricht. Neun „Jahre niedergeschlagenster Erfahrungen" hätten ihn zweifeln gelehrt, „an dem reinen und ungebrochenen Willen der Welt, dem Bösen zu widerstehen."

Im Blütenmeer

Ungewöhnlicher nie: Thomas Mann mit fast zärtlichem Blick auf eine Margerite, die er inmitten üppiger kalifornischer Vegetation im Kopfloch seines breiten Revers anzubringen versucht, dabei noch den Sonnenhut haltend, ein Bild, das eher zu Hermann Hesse, dem passionierten Gärtner von Montagnola, zu passen scheint. Aber nein, so wollte er sich *auch* photographieren lassen, wohl nach der überstandenen Lungenoperation, Dank der Natur abstattend, auf Du und Du mit einer Blume, als spreche er ganz leise mit ihr, und das nahe dem Herzen.

Garten-Arbeit

Arbeiten im Garten, Pacific Palisades im Oktober 1941. Ob gemütlich im Liegestuhl oder herumstehend, die Eleganz bleibt stets gewahrt; die Zigarre abwechselnd einmal im Mund, dann zwischen den Fingern. Ob Thomas Mann wirklich etwas niederschreibt? Wie er da steht und den Stift in der Hand hält, man könnte meinen, ein bildender Künstler fertige eine Skizze an; mit wachsamer Konzentration, die Mundwinkel nach unten gezogen, richtet er seinen Blick auf den Gegenstand seiner Beobachtung. Im nächsten Moment lockern sich die Lippen, lässig hängt die lange Zigarre aus dem Mund: er hält die ersten Striche auf dem Papier fest. Doch etwas scheint ihn zu amüsieren; er schaut auf, die Zigarre nun in der linken Hand – während die rechte weiterhin am Papier haften bleibt, bereit, den nächsten Strich zu ziehen. Es ging ihm im Schaffensprozess immer um die Überwindung eines „kritische[n] Punkt[es], einen Punkt relativer und bedingter Vollendung", wie er sie erreicht zu haben meinte, „ob man imstande ist, das fest Gewordene, ganz schon Form Gewordene wieder aufzulockern, seine Produktivität in Fluß zu halten, neue Gehalte einströmen zu lassen, die geistigen Grundlagen seines Lebens zu verbreiten und weiter und höher zu bauen".

Ein kleines Päuschen, um sich auszutauschen.

Konzentriert im Liegestuhl.

Wir kommen ihm näher …

… nur um ihn wieder aus der Distanz zu betrachten.

Die Kamera wechselt den Blickwinkel, einmal von schräg unten …

… dann ungefähr aus Hüfthöhe …

… Thomas Mann lässt sich ablenken:

Schließlich auf Augenhöhe.

Vom Feinsten

Als würde das durch die Jalousien dringende Licht diese Aufnahme in ein Gemälde verwandeln. Könnte sie nicht eines von Edward Hopper sein? Zur Darstellung kommt hier: ein aus einem Manuskript lesender Thomas Mann in seiner Wohnung in Pacific Palisades im Halbprofil nach rechts (Oktober 1941) – bewusst in Szene gesetzt. Rundungen und Kanten gleichen sich harmonisch aus: Die Falten des fallenden Vorhangs spiegeln sich in Thomas Manns Kleidung, sein scharfer Blick steht in einem ‚stimmigen' Kontrast zur nahezu majestätischen Umrundung durch den Sesselrücken; die horizontalen Linien der Jalousien korrespondieren mit der leicht abgeschrägten weißen Linie – dem von außen belichteten Manuskript –, die sich von einer Hand zur nächsten zieht. Während Mann jedoch seine Aufmerksamkeit dem Manuskript schenkt (oder zumindest so tut), scheint seine Zigarre auf der anderen Seite des Fensters ‚die Weite zu suchen' …

Exotisierung mit Stil

Thomas Mann vermochte in der Selbstinszenierung, sprich: im inszenierten Auftreten, seinem Charakter (und seinen Rollen) auf verschiedenste Weise Ausdruck zu verleihen. Ihm war durchaus bewusst, dass er sich gelegentlich „so monströs höflich, steif und zugeknöpft" verhielt, wie er in einem Brief an Agnes E. Meyer gestand, doch konnte er, so betont er eindringlich und etwas ironisch, auch „pretty friendly" sein. Die latent vorhandene Ambiguität in seinem Auftreten, die Vielschichtigkeit seiner Persönlichkeit veranschaulichen diese Porträtaufnahmen besonders gut, die wohl im Jahre 1944 entstanden sind und offenbar einen etwas gelösteren Thomas Mann zeigen. Um aber seiner bürgerlichen Seriosität Ausdruck zu verleihen, diesem „hanseatische[n] Wunsch nach einer würdigen und gewissermaßen repräsentativen Existenz", wie er es nannte, benötigte Mann keinen klassischen dunklen Anzug, wie hier deutlich zu sehen ist. Die Bilder zeigen (einmal) einen nahezu frontal zur Kamera gerichteten, fast biedermännisch wirkenden Schriftsteller im Exil. Mit einem für seine Verhältnisse eher sportlich wirkenden, dezent kariert gemusterten Jackett bekleidet, schaut er direkt in die Kamera; seine Haltung wirkt, gerade durch die verschränkten Arme, lässig und leger, in der linken Hand hält er eine brennende Zigarre. Trotz aller Ernsthaftigkeit im Auftreten blitzt unvermeidlich etwas Spitzbübische auf. Setzt man die Körpersprache des Porträtierten in Kontrast zu seinem Gesichtsausdruck, allem voran den leicht angespitzten und zusammengepressten Lippen, lässt sich festhalten: Gediegen, ja geradezu altväterlich sitzt er da, doch man kommt nicht umhin, (visuell) ein feines, leicht verschmitztes Schmunzeln zu vernehmen. Sieht man ihm länger in die Augen, meint man darin gar den Blick des „kleinen Prinzen" zu erkennen, die Rolle, in die Thomas Mann in seiner Kindheit so gerne schlüpfte. Noch im hohen Mannsalter hat er betont, vor allem eines in seiner Person zu erkennen: „den kleinen Jungen" von einst, „der Tage lang spielte, er sei ein Prinz". Damit vergleichbar sei das, was er als gestandener Schriftsteller treibe, nämlich „eine Art von harmloser Hochstapelei", die ihm dazu diene, „die Größe sozusagen praktisch auszuprobieren" und sich „in traulichen Wissenskontakt mit ihr zu bringen".

Beim Gedankenempfang

Wechselspiel der Blicke, es wiederholt sich, die Reihenfolge ist dabei umkehrbar: Aufblicken ins Unbestimmte oder auf die noch ungewohnten Palmen im Garten am Amalfi Drive, seiner ersten Adresse in Pacific Palisades, die ihm ein Staunen abnötigen; dann der konzentrierte Blick aufs Manuskript. Auf diesem Schreibtisch wird in jenen Tagen (Oktober 1941) die Ausgabe des *New Yorker* liegen, die ihn als „Goethe in Hollywood" titulieren wird. Das ‚Hauptgeschäft' dieser Wochen und Monate heißt: Abschluss der *Josephs*-Tetralogie, dieses „humoristischen und bizarren Weltgedichts", derweilen die Vereinigten Staaten, von Japan angegriffen und von Hitler-Deutschland genötigt, in den Zweiten Weltkrieg eintreten. Wohin nur mit all' diesen Gleichzeitigkeiten? Auch das mochte er sich gefragt haben, staunend zu den Palmen aufblickend.

Das Gemäße

Thomas Mann im Arbeitszimmer in Pacific Palisades, wohl ca. 1947. Die distinguierte Eleganz in Person, das Klemmbrett mit einem Manuskript auf einem Bein, das Chintz-Sofa, Globus und Cinzano unterstreichen Weltgeschmack; der Lampenschirm in Schräglage, so, dass er im Bedarfsfall Licht auf die Leseecke werfen kann. Die soeben erschienene Autobiographie des befreundeten Dirigenten Bruno Walter mit dem so beziehungsreichen Titel ‚Theme and Variations' liegt auf dem Schreibtisch in aller nächster Arbeitsgriffnähe. Eine aufgeräumte Geisteswelt im draußen wütenden Chaos der Zeiten. Das Bild der jungen Tochter Erika im Bajazzo-Kostüm schaut auf den Vater verständnisvoll herab ...

Ob sich die Porträts gleichen?

Drei Jahre liegen zwischen diesen Aufnahmen: 1944 die eine, 1947 die andere. Das erste Photo zeigt den nunmehr zum US-amerikanischen Staatsbürger ernannten Autor, das zweite ihn im Erscheinungsjahr des *Doktor Faustus*. Dazwischen liegen eine schwere Lungenkrebsoperation und das Ende des Zweiten Weltkriegs. Es ist der Schriftsteller der vielen Gesichter. Das zweite will kaum zum ersten passen. Das erste hat etwas durchaus Gewitztes; das zweite Gesicht könnte einem Ministerialbeamten gehören. Der Gesichtsausdruck auf dem ersten Photo verrät Selbstsicherheit mit einem leichten Anflug von Vorwitz; das zweite wirkt verlorener; es ist, als besähen wir einen Schatten vor hellem Hintergrund.

Eine Aufnahme von Juni 1946 im Baur au Lac, Zürich.

Photopostkarte von Thomas Mann, ca. 1947. Er hat seinen Blick gesenkt, liest er? Könnten wir seine Hände sehen, wüssten wir mehr …

Thomas Mann in Amriswil, 5. August 1947, gezeichnet von Ernst E. Schlatter (Uttwil).

In der künstlerischen Weltprovinz

Hier zwei nahezu unbekannte Porträtzeichnungen Thomas Manns von der Hand des Uttwiler Malers Ernst Schlatter, geschaffen, als er am 5. August 1947 bei einem Abstecher von St. Gallen ins oberthurgauische Amriswil aus seinem *Doktor Faustus* las, der „kleinsten Gemeinde", in der er je aufgetreten war, wie er im Rückblick aus Amsterdam schrieb – wieder auf dem Rückweg nach Amerika. Dieser Brief enthält ein bemerkenswertes Bekenntnis zur Schweiz, ebenso reflektiert und deutlich wie diese beiden Zeichnungen selbst, die man als höchst wirklichkeitsnah bezeichnen darf. Thomas Mann schreibt an die Veranstalter in Amriswil, eine Gemeinde, die dank des Einsatzes des nicht unbedeutenden Autors der Bodenseeregion, Dino Larese (1914–2001), seit 1937 eine „Akademie Amriswil" ihr eigen nennen konnte: „An gebildet entgegenkommender Empfänglichkeit des Publikums, das sie [die Gemeinde Amriswil] stellte, konnte sie es wahrhaftig mit jeder großen, berühmten Stadt und Kulturstätte aufnehmen. Das ist echt schweizerisch und n u r schweizerisch [...] Es ist ein für mich höchst eindrucksvolles Zeichen für die wahrhaft demokratischen Erziehungsverhältnisse in Ihrem Lande, der Ausgeglichenheit des kulturellen Niveaus, einer ganz eigentümlichen Dezentralisation der Bildung, bei der von ‚Provinz' nicht die Rede sein kann."

Mai 1952 in Rustic Canyon: Thomas Mann einmal ganz unscharf.

Irritationen

Pacific Palisades, im Mai 1952. Eine etwas mürrische Reaktion – aber auf was? Hat man ihn gerufen? Oder hört er nur konzentriert zu? Die Zigarre zumindest ist bald zu Ende geraucht.

Das Selbst im Abendrot

Und wieder und immer: Goethe

Der Blick ins Goethe-Jahr 1949, bereit, Größtes an deutscher Literatur zu repräsentieren – im geteilten Nachkriegs-Deutschland mit vereinten geistigen Kräften. Was aber nimmt er damit in den Blick im Goethe-Jahr 1949, in dem zwei deutsche Staaten gegründet werden, die westlich orientierte Bundesrepublik Deutschland (am 24. Mai) deutlich vor Goethes Geburtstag (28. August), die sowjetisch ausgerichtete Deutsche Demokratische Republik deutlich danach (am 7. Oktober). Er wird in beiden Teilen Deutschlands auftreten, wie Goethe einen vermeintlichen geistigen Ruhepol darstellend. Gleich was er zu diesem Anlass sagen wird, er sieht es, sein Blick verrät es, es wird ein Politikum sein. Alles ist eben immer in diesen Deutschländern ein Politikum, er selbst ist es seit den Tagen der Weimarer Republik. Thomas Mann 1949, ein Fels in der Brandung des Politischen?

Willkommen zurück in Goethes Namen

Zurück in Zürich! Goethe ist zu feiern, der 200. Geburtstag. Das gebührt dem Verfasser von *Lotte in Weimar* wie keinem sonst. Mit dem Vortrag *Goethe als Repräsentant des bürgerlichen Zeitalters* hatte sich Thomas Mann 1932 quasi von Deutschland verabschiedet. Mit Ausführungen zu *Goethe und die Demokratie* auf der ihm so vertrauten Bühne des Zürcher Schauspielhauses empfahl er sich in die deutschsprachige Nachkriegssphäre zurück. Mit dem Geist Goethes den Ungeist der Zeit überwölben und mit Goethe mehr Demokratie wagen: Thomas Manns neuerliche europäische Mission hatte begonnen.

Meinen Sie Bern zum Beispiel?

Und wieder die Schweiz, ein „Kleinod von einem Land". Thomas Mann steht, hier im Juni 1949, neben einem Wandbrunnen am Casinoplatz, gleich neben der Kirchenfeldbrücke; im Hintergrund ragt das Berner Münster. Er adrett gekleidet, heller Anzug, dunkle Kurzkrawatte, ernsthafter Blick; die linke Hand mit Hut und gegen die Hüfte gestemmt, die rechte stützt sich am Brunnenrand. Das nur zum Teil erkennbare Bronzerelief zeigt in einer dreidimensionalen Darstellung eine alte Bebauung im Berner Münzgraben. Thomas Mann sieht besorgt aus, vielleicht stellte er sich die Frage, die er sich viele Jahre zuvor in sein Notizbuch notiert hatte: „Ich nehme mich zu wichtig?" Doch man(n) müsse sich ‚wichtig nehmen', sonst könne „man nicht leben, wenigstens nicht ernsthaft". Daher: ‚Wichtigtuerisch' im Herzen Berns.

Als amerikanischer Staatsbürger in Zürich 1949, beim Schauspielhaus, einer Bühne, auf der er sich zu Hause wusste, auf Goethe-Mission.

Juni 1949, Zürich: Hotel Baur au Lac. Das Tagebuch vermerkt in seinem Geburtstagsmonat: „Es sind alles Wiederholungen."

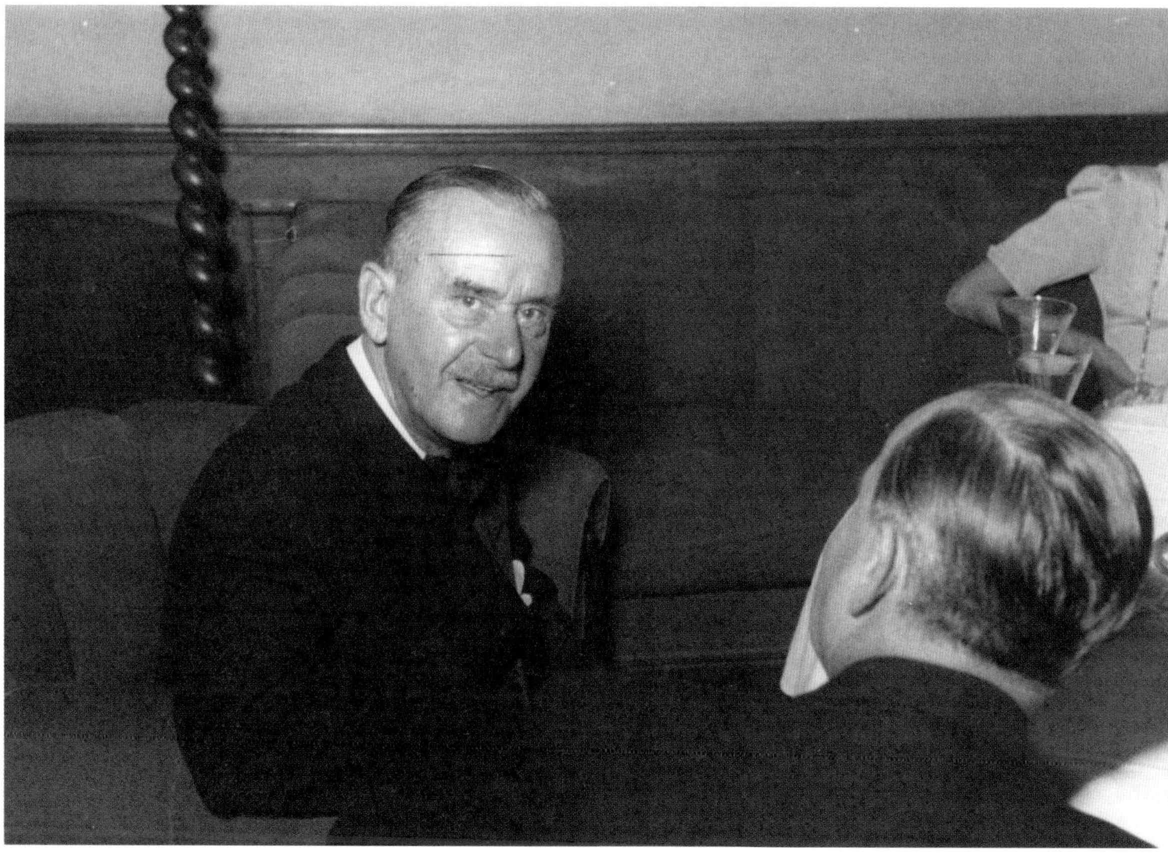

Im Gespräch

Wann wird ein Gespräch zum Interview? Gab es das überhaupt, mit Thomas Mann auf gleicher Augenhöhe zu sprechen? Frau Katia und Tochter Erika gelang es, den anderen Kindern und Verwandten, Bruder Heinrich eingeschlossen, wohl nie. Und Fremden gegenüber, Bekannten bei der Feier zum 75. Geburtstag oder im Zürcher Nobelhotel Baur au Lac einem Journalisten, erging es ihnen besser? Mitten im Gespräch taucht ein Photoapparat auf, und Thomas Mann lenkt sich in dessen Richtung ab, die Gesprächsaufmerksamkeit bleibt ein Blitzlicht lang in der Schwebe. Und im Hotel, vermutlich in des Schriftstellers Suite, schreibt der Journalist eifrig mit, was Thomas Mann hier zum Besten gibt, wieder und noch immer im Goethe-Jahr. Da wird vor ihm der Journalist, ein Gespräch lang, zum beflissenen, ergebenen Eckermann.

Bad in der Menge

Juli/August 1949: In der Paulskirche zu Frankfurt am Main und in Gotha – auf dem Goethe-Weg nach Weimar. Angespannt zum einen (vor oder nach seinem Vortrag), gelöst zum anderen – beide Male Kulturstaatsgast – vor geladenen, meist betagten Honoratioren Frankfurts und im Bad der jugendlichen Menge in Gotha. Der Anlass heißt: Goethe. Die Umstände sind verschieden, entsprechend Thomas Manns Gesichtsausdruck und Körperhaltung: in Frankfurt leicht abrückend, ernst, skeptisch (wie viele ehemalige Nazis sitzen im Publikum, mag er sich gefragt haben); in Gotha deutlich den jungen Menschen zugewandt, offen, aber doch einmal mehr alle überragend.

Goethe an sich und überhaupt

Bei der „Ansprache im Goethejahr“ in der Paulskirche zu Frankfurt am Main, am 25. Juli 1949. Eine gewisse Anspannung in den Gesichtszügen ist nicht zu übersehen. Es ging um Goethe und um ihn und damit ums Ganze. Vielleicht sagt er in diesem Augenblick den gewichtigen Satz, der prägnanter und bedeutsamer nicht sein könnte: „Will es denn das Schicksal, daß unsere Existenz symbolisch wird, so haben wir uns diesem Schicksal zu stellen.“ Das Schicksal wollte es so, und er stellte sich ihm … nicht entgegen.

Motorisierte Reverenz

Reisender in Sachen Goethe, Weimar, den 31. Juli 1949, vor Goethes Gartenhaus an der Ilm. Traditionswürdiges mit mobiler Technik, beides hat Thomas Mann im Rücken, aber nicht hinter sich. Er verkörpert beides – bis zuletzt. Der Kamera schenkt er keinen Blick, sieht über sie hinweg, wissend, dass sie ihn eingefangen hat, diesen symbolischen Moment. Aber in welche Zukunft schaut er dabei?

Thomas Mann, Aufnahme ca. 1949: ganz Konzentration.

Sich selbst nachsinnen

Vor der Kamera in Gedanken versunken, den Blick abgewendet, als gehe ihn das alles nichts mehr an. Wieder stand ein Abschied bevor, jener von den Vereinigten Staaten von Amerika, wo die absurde Kommunistenhetze McCarthys die politische Atmosphäre vergiftete. Thomas Mann stand im Verdacht, allzu viel Verständnis für die Sowjets aufgebracht zu haben; Tochter Erika galt ohnedies als radikale Linke. Nun saß er auch hier nicht vor irgendeiner Kamera, sondern vor jener Toyo Miyatakes, einer der profiliertesten Photographen Kaliforniens, ein Japano-Amerikaner, der nach dem Angriff auf Pearl Harbour im Lager Manzanar mit seiner Familie interniert wurde, dort aber zum offiziellen Lagerphotographen avancierte. Seine Manzanar-Photographien waren bald so bekannt wie Jeanne Wakatsuki Houstons Buch *Abschied von Manzanar* (1972) und trugen entscheidend zur (oft posthumen) Rehabilitierung der Internierten bei. Durch den immer irrationaler sich gebärdenden McCarthyismus fühlte sich Thomas Mann zunehmend bedroht, sodass die Wahl gerade *dieses* Photographen einem Bekenntnis gleichkam.

August 1954, Lesung aus Felix Krull in Köln. Spricht resignativer Überdruss aus diesem Bild?

Bemühter Genuss

Prosit! Im Juli 1953 im Hotel Eden au Lac in Zürich gratuliert ein geschniegelter Thomas Mann seiner Frau Katia zum 70. Geburtstag, unverkennbar die kindliche Freude und die glänzenden Augen. Ein Jahr später führt er während eines öffentlichen Auftritts in Köln das Glas zum Mund, diesmal ist ein gewisser Argwohn in seinem Gesichtsausdruck sichtbar. An seinem stets gepflegten Auftreten ändert das aber nichts.

Was da kommen mag?

Die Gesichtszüge schärfer geschnitten denn je; das Einstecktuch ist diskreter geworden; der unverändert skeptische Blick schweift in die Ferne; die breiten Revers, der erhebliche Krawattenknoten, der den offenen Kragenknopf kaschiert, womit etwas Lockerung angedeutet ist. Der obere Knopf des Zweireihers aber bleibt auch im Sitzen geschlossen; da kennt Thomas Mann auch in seinem achtzigsten Jahr keine Kompromisse.

In Kilchberg mit Zigarre (1954).

Eine Zigarette anzündend (photographiert von Felicitas Timpe), München 1952.

Der Grandseigneur der Literatur unterwegs, Köln 1954.

Auf der Couch, Kilchberg 1955.

Fürstliches in republikanischer Umgebung

Herbst 1954, im Züricher Orient-Kino: Premiere der Verfilmung des Romans *Königliche Hoheit,* erschienen anno 1909. Der Roman selbst beginnt mit einem kleinen „Vorspiel"; der Film ist das ganz große, farbenprächtige Nachspiel. Gedreht in Göttingen und Fulda, am Drehbuch war Tochter Erika maßgeblich beteiligt, erlebt ein märchensüchtiges Wirtschaftswunderpublikum Aristokratisches in der gerade einmal vier Jahre jungen Bundesrepublik Deutschland. Auch in der republikanischen oder soll man sagen: zunftaristokratischen Schweiz ist der Widerhall des Films erheblich. Dieter Borsche und Ruth Leuwerik geben das Traumpaar. Thomas Mann mit Tochter verkörpert das ideale Vater-Tochter-Paar, nur die Rosen liegen auf der falschen Seite; sie gebühren eigentlich der immer härter vom Leben geprüften Erika, aber es ist vorstellbar, dass Vater sie ihr im nächsten Augenblick überreicht.

Mit Blick und Feder ziselieren

Am Schreibtisch und in der Sofa-Ecke mit Klemmbrett in den beiden letzten Stationen: Erlenbach und Kilchberg: immer schreibbereit. Auch mit Fliege, die ihm am besten steht am Arbeitsplatz in Kilchberg (Erlenbach erwies sich als leicht beengt, kein Vergleich zur Zimmerweite in Kalifornien oder damals in Münchens Poschinger Straße). Der Gesichtsausdruck wirkt energisch, leicht erbost womöglich.

Nur im Falle der Aufnahme am Erlenbacher Schreibtisch (1953) gewinnt man den Eindruck, Thomas Mann hänge Gedanken nach, die womöglich gar nichts zu tun haben mit dem halb beschriebenen Blatt, das da vor ihm liegt; die übrigen Aufnahmen zeigen ihn konzentriert, den Betrachter musternd, Lichtpausen korrigierend. Die bis auf den Stummel abgerauchte Zigarette in dieser kleinen späten Serie verrät eine spürbare Nervosität; womöglich drängte die Zeit. Der Aufblick mit hochgezogener rechter Augenbraue spricht von leichter Verwunderung, gar einem Anflug von Irritation angesichts dieser photographischen Störung, so inszeniert sie auch war.

Einmal hochsehen bitte!

Am Schreibtisch in Erlenbach, 1953.

Und einmal von der Seite posieren.

Pause bei einer Rundfunkaufnahme in New York 1941; als Studiokulisse große Tonbänder, in Blindbänden aufbewahrt, aber mit echtem Mikrophon – Medienzauber, ganz nach des Schriftstellers Geschmack.

In bester Gesellschaft

Ein Griff ins Regal, ein sanfter Blick an der Kamera vorbei, als wolle er uns versichern: alles echt!, und los geht's mit der Lektüre, wenn auch ohne Lesebrille, was dann doch verdächtig gestellt wirkt. Der lesende Thomas Mann mit Zigarre im Arbeitszimmer in Erlenbach bei Zürich, Glärnischstrasse 12, im Jahre 1953. Zunächst mustert er nur, blättert neugierig im Buch; die auf dem Lesetisch gestapelten Bücher zeigen: Es ist nur eines von vielen. Schließlich lehnt er sich zurück und liest, mit den Fingern der linken Hand folgt er den Sätzen im Buch, wie ein Heiligenschein schwebt über seinem Kopf der helle Lampenschirm. Andere lesen, das hieß auch, ob man es will oder nicht, sich mit ihnen vergleichen. Beispielsweise die Lektüre von William Faulkners *A Fable* hatte ihm nicht behagt: „Für einen Ausländer ist der Roman recht mühsam zu lesen, und ich sollte mich wundern, wenn nicht Amerikaner und Engländer auch ihre liebe Not damit hätten. Mir wirft man meine langen Sätze vor und findet meinen Stil ‚pompous' und ‚ponderous'. Aber mein Gott, er ist ja noch ein graziöser Spitzentanz im Vergleich mit den überfüllten, überlasteten, schleppenden und wenig durchsichtigen Perioden, die Faulkner diesem Werk aus irgendwelchen Gründen für angemessen gehalten hat."

Der Souverän am Schreibtisch.

Unter dem Lampenschirm.

Die Fülle an Anderem.

Nochmals: Herr und Hund

Der Weltautor im schwarzen Anzug im Einvernehmen mit seinem schwarzen Schäferhund (zuletzt wird es noch ein Pudel sein), „Herr und Hund" eben, aber nicht wie damals, anno 1919, im Münchner Herzogenpark entlang der Auen der Isar, dem sich seine zauberhafte Prosaidylle mit Bauschan, dem Hühnerhund, verdankt, sondern jetzt im Gartenpark der Alten Landstrasse 39 in Kilchberg. Wie die Zigarren gehörten Hunde zu Thomas Mann. Er dürfte aus den *Beispielhaften Novellen* des Cervantes das Hundegespräch zwischen Berganza und Scipio gekannt haben, mit Sicherheit E.T.A. Hoffmanns einschlägige Gesprächsnovelle *Nachricht von den neuesten Schicksalen des Hundes Berganza.* Die darin vorgetragene Hundeweisheit hätte Thomas Mann ohne Zögern unterschreiben können: „Der Blick des wahren Dichters durchschaut die menschliche Natur in ihrer innersten Tiefe, und herrscht über ihre Erscheinungen, indem er ihre mannigfaltigste Strahlenbrechung in seinem Geiste, wie in einem Prisma auffaßt und reflektiert."

Kilchberg 1955: ein später Blick, der keine Trübung kennt.

„Zu Hause“ in Erlenbach 1953, einem Erklärungsbedarf genügend.

Im Bild bleiben

Die Dinge und die Lage *sub specie aeternitatis* bedenkend, in einem Atelier in München 1952, ausgerechnet oder eben folgerichtiger Weise dort, wo sich der Bruch mit dem deutschen Wesen zwanzig Jahre zuvor zugetragen, jetzt, da er, ein amerikanischer Staatsbürger, auch den Vereinigten Staaten den Rücken kehrte, den Kopf auf die Hand gestützt, nein, nicht eigentlich melancholisch wirkend, eher versonnen, etwas abwesend, ganz bei der Sache und doch auch nicht, den beglaubigenden Siegel- und Ehering als Teil des Blickfangs, der Blick, nicht wirklich fragend, eher hinnehmend, prominent dabei auch das Ohr, das hellhörig bleiben sollte – bis zuletzt.

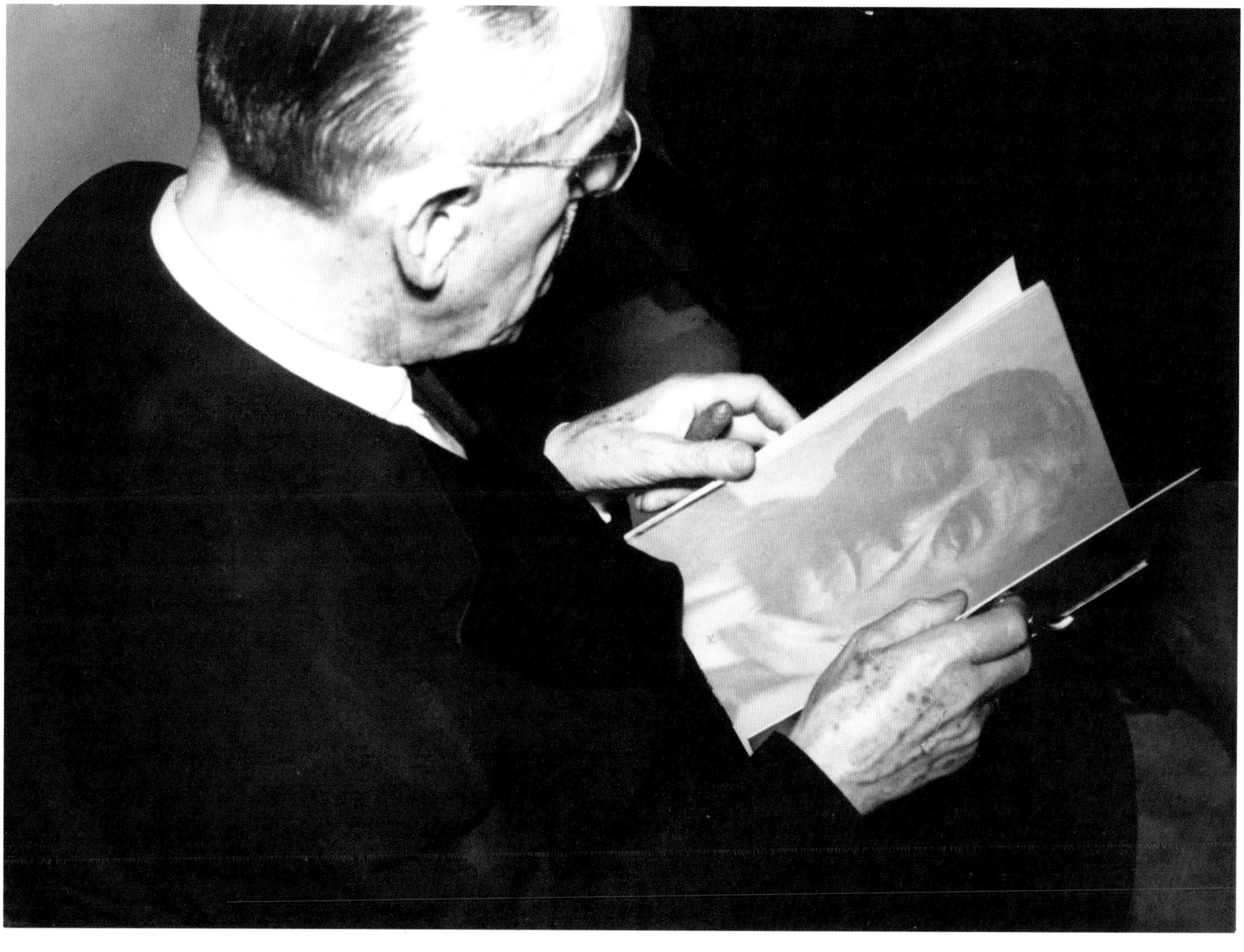

Künstlerbegegnung

Ein Fundstück: Thomas Mann, eine Photographie Oskar Kokoschkas betrachtend, den einst bewunderten Künstler, der sogar einmal ausersehen war, die *Geschichten Jaakobs* zu illustrieren… „Ich liebe, verstehe, bewundere die malerische Kunst unserer Tage ganz vornehmlich in ihm", eben Kokoschka, schrieb er in einer Würdigung des Bildkünstlers noch 1933. Das Befremden über dessen Kunst folgte dann aber auf dem Fuße, übrigens auch jene Kokoschkas über Thomas Manns Schaffen. Nach 1934 finden sich keine Spuren der Beschäftigung Manns mit „O.K.", wie der Künstler seinen Namen zu zeichnen pflegte – bis eben auf dieses Photo. Was gäbe man darum, Thomas Manns Gesichtsausdruck sehen zu können: verwundert? irritiert? scheinbar gefasst fixierend? Er hält O.K. in Händen und stille Zwiesprache mit ihm. Zum Zeitpunkt der Photographie (1953) lebten sie beide als zurückgekehrte Emigranten, nicht aber wieder in München oder in Wien, sondern in ihrer Schweizerischen Wahlheimat – am Zürcher See der eine, am Lac Léman der andere, einander im Grunde erreichbar, aber nie mehr so nahe wie auf dieser Aufnahme.

Beinahe im Süden

Auf dem Balkon in Erlenbach, 1953. Da steht der in die Jahre gekommene Schriftsteller an der Ecke seines Hauses, lässig und chic zugleich, mit der linken Schulter gegen die weiße Wand gelehnt, als müsse er sich zurücklehnen, um so noch gewissenhafter das Vergangene zu erfassen: „Meine Zeit – was zeitigte sie nicht alles!“ Waren das nicht die Grundmotive seines Gesamtwerks? Der „Vergangenheitsdurchblick“, die „Idee der Heimsuchung“, der Versuch durchzublicken, die im Kleinen wie im Großen entstehenden intrikaten Zusammenhänge zu erkennen, um auf diese Weise, retrospektiv zumindest, die „Wahrnehmung einer Einheit“ erfahren zu können? So sah er sich selbst in der Zeit: „Meine Zeit – sie war wechselvoll, aber mein Leben in ihr ist eine Einheit. Die Ordnung, in der es zahlenmäßig zu ihr steht, erregt mir das Wohlgefallen, das ich an aller Ordnung und Stimmigkeit finde.“ Und auch wenn jede Arbeit „eine zwar fragmentarische“ war, wie er einmal behauptete, so war sie doch stets eine „in sich geschlossene Verwirklichung [seines] Wesens“.

Man saß schon besser

Im Garten in Kilchberg, im August 1954. Thomas Mann sitzt auf seinem etwas labil wirkenden Gartenstuhl, die Beine übereinander geschlagen, die Zigarette in der linken Hand. Wie der Stuhl scheint auch die lässig inszenierte Pose etwas zu wackeln, zumindest stehen die zusammengepressten Lippen im Kontrast zu ihr: ist das ein ostentativ dargestelltes Schweigen oder der Ansatz eines Aussprechens? Doch bekanntlich ziehen sich Gegensätze an, daher gab es für Thomas Mann keinen Zweifel daran, dass es eine „unabdingbare Verbindung zwischen Ideellem und Realem gab". Es war ihm wichtig, „der Wirklichkeit eine geistige oder ideelle Transparenz zu geben". Daher hatte er es sich zur Aufgabe gemacht, „das Reale und das Ideelle, Symbolische einander durchdringen und einander steigern zu lassen". Fast scheint es, als halte die Photographie schnappschussartig diesen einen Moment fest, in dem das Ideelle (des Ich) auf die Wirklichkeit trifft!

Aufgeräumt bleiben

Buchstäblich ein Schnapp-Schuss: August 1954, Thomas Mann liest aus den *Bekenntnissen des Hochstaplers Felix Krull*, ein Fragment in Vollendung, gewitzte Krönung des Alterswerks, dessen Wurzeln bis in die Jahre 1910 und 1913 zurückreichen. Er liest wohl noch aus dem Manuskript, denn die Arbeit daran hatte er erst vier Monate zuvor abgeschlossen. Der Rundfunk schneidet mit. Das Mikrophon, es gleicht einem etwas zu groß geratenen, in Schieflage befindlichen Eierbecher, beansprucht auf dieser Photographie eine gewisse Prominenz. Der rezitierende Autor – noch ist der Mund geschlossen – ordnet die Seiten, hat sie zuvor vielleicht aufgestoßen oder zusammengeschoben. Der Blick aufs eigene Manuskript, so von der Seite, leicht amüsiert mit skeptisch-wohlgefälligem Anflug im Gesichtsausdruck. Noch weiß er nicht, dass der *Krull* ihm einen mächtigen Verkaufserfolg bescheren wird. Auch die Zuhörer ahnen nicht, mit welchen Vorbehalten er diesem Werk inzwischen begegnet: Sollte er wirklich mit einem Hochstapler-Roman sein Werk krönen? War das nicht unter seinem Niveau? Oder war es folgerichtig, seinem Krull, diesem Meistertäuscher, das letzte Wort über die eigene Erzählkunst zu überlassen?

Der Rahmen des Lesegeschehens bleibt bürgerlich: holzgetäfelt und mit schwerem Vorhang im Hintergrund; der Auftritt gewohnt makellos, nach Art des Grandseigneurs, aber eben mit diesem gewissen Blick aufs Eigene, der zu fragen scheint: Bin auch das, dieser wohl geordnete, von inszenierten und gelebten Täuschungen handelnde Text, ich?

Wohin wandern die Gedanken?

August 1954: vor oder nach einer Lesung aus *Felix Krull* im Großen Hörsaal der Universität zu Köln im sogenannten Dozentenzimmer. Das Tagebuch vermerkt: „Las gut, hatte aber vom Kuckuck-Kapitel zu wenig Striche wiederhergestellt, was die Wirkung schädigte. Starker Beifall trotzdem, aber kein Abgang und Wiederkommen, nicht Theater genug, was mir nie gefällt."

Kilchberg 1955 – noch immer kompromisslose Entschlossenheit im Ausdruck.

… trotz aller Lebenserschöpfung, Kilchberg 1955.

Einmal einen ‚Oscar' für Katia

Über eines war sich Thomas Mann sicher: „[I]ch will keine Figur sein". Und trotzdem musste er sich hüten, hatte er doch etwas, wie er sich einst notierte, „mit anderen Erfolgreichen gemein", nämlich den „Vorbehalt der Überlegenheit über die Beeinflussungen durch den Erfolg", beispielsweise „der erhöhte Respect vor sich selbst, das gesteigerte sich Ernstnehmen, die vergroßartigte Optik, die Neigung sich als nationaler Faktor, sich überhaupt national zu nehmen, der Blick auf die Literatur-Geschichte etc." Keine Spur von Größenwahn ist auf dieser Aufnahme zu sehen, denn seine geliebte Frau stand nun im Zentrum: Katia Mann feierte ihren 70. Geburtstag (1953). Die Feier im Hotel Eden au Lac in Zürich war von Emmie Oprecht, der Frau Emil Oprechts, einem der bedeutendsten Verleger von Exilautoren in der Schweiz, und dem Drehbuchautor und zweifachen Oscarpreisträger Richard Schweizer organisiert worden.

Im Dienst der Klassik

Tulpen aus Weimar, vermutlich frisch vom Markt, wo einst die junge Christiane Vulpius ähnliche Sträuße von ihr gefertigter Papierblumen verkauft haben dürfte, bis sie im Juli 1788 den Geheimen Rat Goethe kennenlernte … Thomas Mann findet sich ein letztes Mal in Weimar ein, als Kulturstaatsgast in der Deutschen Demokratischen Republik; es ist Mai 1955 und er wird nicht über Goethe, sondern über Schiller zu dessen hundertfünfzigstem Todestag sprechen, nicht durch die Blumen, aber über sie hinweg, gesamtdeutsche Kultur in Schillers und seinem eigenen Namen repräsentierend, im Herzen eines schuldüberladenen und daher geteilten Landes. Nach 1945 vermochte nur noch er dergleichen, vom ‚Westen' dafür angefeindet …

Saison 1953
jetzt wieder
KURHAUS TRAVEMÜNDE
Starparaden 1953
„La Belle Epoque"
jeden Mittwoch 16 Uhr im Festsaal
u. Sonntag in der Blumen-Terrasse
zum 5 Uhr-Tee
KARTEN-VORVERKAUF

Unwiederbringlich?

Dorthin zog es ihn wieder, im Juni 1953, wo sein Ursprungsfluss, die Trave, in die Ostsee mündete, kein Weltmeer zwar, aber ein Vorgeschmack auf ein solches. Dort, wo Senator Mann mit seiner vielköpfigen Familie gerne ‚Ferien' verbrachte, Lübeck, das Kontor in der Beckergrube immer in Reichweite. Von hier aus spähte er jetzt hinüber in die ‚Ostzone', stand vor dem Kurhaus mit gezogenem Hut, als grüßte er seine Vergangenheit am Rande der „Belle Epoque", auch wenn die „Starparade" dort im Festsaal oder auf der Blumen-Terrasse nicht für ihn arrangiert worden war.

Und dann der Abschied vom Schlafwagen aus, der Staatsbesuch eines Künstlers hatte sein versöhnliches Ende gefunden, ein scheidendes Lächeln mit Gattin, deren Handschuh etwas Fehdehaftes hat, bevor es dunkel wurde um ihn …

Wohin mit meinem Namen?

Eintrag ins Goldene Buch der Hansestadt Lübeck am 12. Mai 1955 im Anschluss an die Verleihung der Ehrenbürgerwürde an den Weltliteraten aus Lübecks Breite Straße und Beckergrube. Fünfunddreißig Ratssitzungen der Lübecker Bürgerschaft hatte es bedurft, um festzustellen, ob denn diese Ehrung verdient sei. Von den fünfundvierzig Stadtverordneten waren immerhin siebzehn – quer durch die in der Bürgerschaft versammelten Parteien – nicht zum Festakt im Rathaus erschienen. Man ahnt Skepsis im Blick Thomas Manns, als er die Seite des Goldenen Buches in Augenschein nimmt, auf die er seinen Namen eintragen soll. Mit dem Federhalter (!) in der Hand könnte er mit einem Federstrich den ganzen Ehrenakt zunichte machen. Das aber wollte nicht geschehen. Dieser entscheidende Lebenskreis sollte sich schließen, und zwar hier in Lübeck. Seine betont konziliante Ansprache hatte Thomas Mann mit den Worten beendet: „Das ist ein großer, rührender Augenblick meines zur Rüste gehenden Lebens. Mein Herz ist voll Dank. Glück und Wohlfahrt unserer Stadt." Und er fügte den Leitspruch hinzu, der sich auf der Feldseite des Holstentors befindet: „Concordia domi foris pax!" (Eintracht innen und Friede draußen!) Sprach's, trug sich ins Prunkbuch ein und reiste ab, den Feiern zu seinem letzten Geburtstag entgegen.

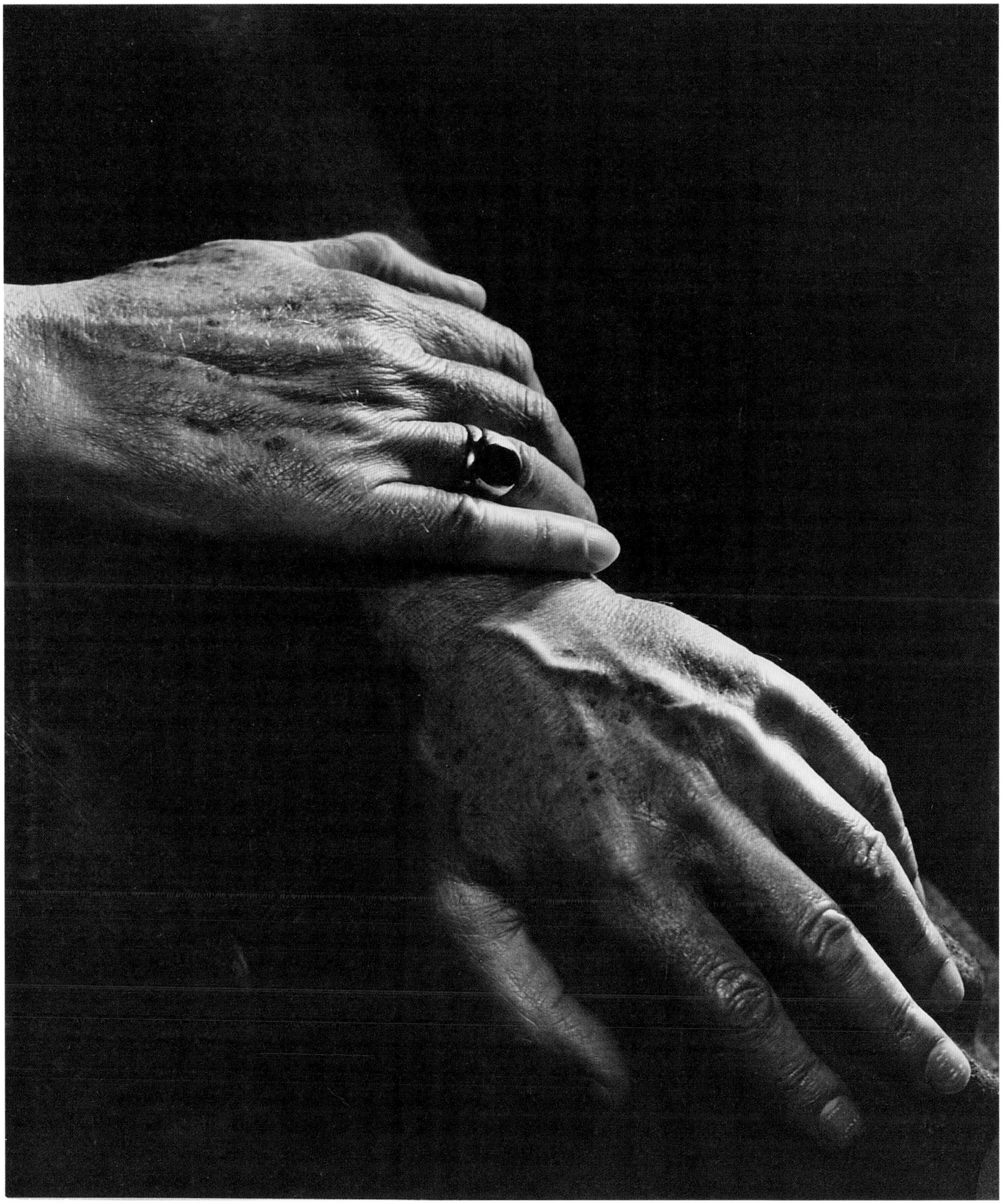

An sich haltend.

Wort des Dankes

Wir danken dem Lektorat unseres Verlages, Jasmine Stern und Jonas Bogumil, für eine in jeder Phase dieser Arbeit förderlich-kritische Begleitung. Für hilfreiche Hinweise bei der Recherche vor Ort und die Bereitstellung von Bilddaten danken wir nachdrücklich den Mitarbeiten des Thomas-Mann-Archivs an der ETH Zürich, namentlich ihrer Leiterin, Frau Dr. Katrin Bedenig, Frau Katrin Keller sowie Herrn Rolf Bolt; Prof. Dr. Hans Wißkirchen (Lübeck), ebenso Frau Prof. Dr. Heike Gfrereis (Marbach/N.), Bruno Oetterli Hohlenbaum (Dozwil) für den Hinweis auf Ernst E. Schlatter, Frau Stefanie Hoch (Kunstmuseum Thurgau/Warth) und Richelle Whitehead (QMUL) sowie für zusätzliche Auskünfte Prof. Dr. Hans Rudolf Vaget (Smith College, Northampton, MA).

Abbildungsnachweis

Bayerische Staatsbibliothek München/Bildarchiv / Fotografin: Felicitas Timpe: S. 231, 251 | Deutsches Literaturarchiv, Marbach: S. 10 | die LÜBECKER MUSEEN. Kulturstiftung Hansestadt Lübeck: S. 266, 267 | ETH-Bibliothek Zürich, Thomas-Mann-Archiv / Fotograf: Atelier Elisabeth: S. 56 | ETH-Bibliothek Zürich, Thomas-Mann-Archiv / Fotograf: Atelier Elvira: S. 39 | ETH-Bibliothek Zürich, Thomas-Mann-Archiv / Fotograf: Atelier Veritas: S. 45 | ETH-Bibliothek Zürich, Thomas-Mann-Archiv / Fotograf: Atlantic-Photo: S. 93, 94, 100 | ETH-Bibliothek Zürich, Thomas-Mann-Archiv / Fotograf: Werner Beyeler: S. 216 (oben), 227 (links) | ETH-Bibliothek Zürich, Thomas-Mann-Archiv / Fotograf: Emil Bieber: S. 71 (links) | ETH-Bibliothek Zürich, Thomas-Mann-Archiv / Fotograf: Comet-Photo AG: S. 202, 215, 216 (unten), 234 | ETH-Bibliothek Zürich, Thomas-Mann-Archiv / Fotograf: Connolly's Photo Service: S. 166 | ETH-Bibliothek Zürich, Thomas-Mann-Archiv / Fotografin: Erika Gast-Crossman: S. 127 | ETH-Bibliothek Zürich, Thomas-Mann-Archiv / Fotograf: Henry B. Goodwin: S. 79 | ETH-Bibliothek Zürich, Thomas-Mann-Archiv / Fotograf: Heinz Hanke: S. 226, 227 (rechts), 232, 259, 260 | ETH-Bibliothek Zürich, Thomas-Mann-Archiv / Fotograf: Fritz Krauskopf: S. 75, 76, 77, 88 | ETH-Bibliothek Zürich, Thomas-Mann-Archiv / Fotograf: Hans Kripgans: S. 269 | ETH-Bibliothek Zürich, Thomas-Mann-Archiv / Fotograf: Hermann Linde: S. 34 | ETH-Bibliothek Zürich, Thomas-Mann-Archiv / Fotograf: Toyo Miyatake: S. 225 | ETH-Bibliothek Zürich, Thomas-Mann-Archiv / Fotografen: Friedrich Müller/Theodor Hilsdorf: S. 63 | ETH-Bibliothek Zürich, Thomas-Mann-Archiv / Fotograf: Walter Nydegger: S. 213 | ETH-Bibliothek Zürich, Thomas-Mann-Archiv / Fotograf: Eric Schaal: S. 132, 133, 134, 135, 136, 137 | ETH-Bibliothek Zürich, Thomas-Mann-Archiv / Fotograf: unbekannt: S. 12, 14, 15, 21, 26, 29, 35, 36, 40, 42, 43, 44, 46, 47, 48, 51, 53, 54, 57, 58, 59, 60, 64, 66, 69, 70, 71 (rechts), 72, 73, 74, 80, 82, 84, 90, 91, 92, 95, 96, 97, 98, 99, 102, 103, 104, 105, 106, 107, 108, 111, 112, 113, 114, 118, 119, 120, 121, 123, 124, 128, 130, 131, 139, 140, 141, 142, 144, 145, 146, 147, 148, 149, 150, 151, 152, 153 und Cover, 154, 156, 157, 158, 160, 161, 163, 164, 169, 170, 171, 173, 174, 176, 177, 180, 183, 184, 185, 186, 187, 188, 189, 190, 191, 193, 195, 196 und Umschlagrückseite, 197, 200, 203, 206, 207, 208, 214, 218, 219, 220, 222, 223, 241, 252, 255, 256, 264, 265 | KEYSTONE-SDA / PHOTOPRESS-ARCHIV: S. 87, 117, 178, 242, 244, 245, 246, 249 | Kunstmuseum Thurgau, Kartause Ittingen: S. 204 | Münchner Stadtmuseum, Sammlung Fotografie, Archiv Kester / Fotograf: Philipp Kester: S. 52 | PHOTOGRAPH BY YOUSUF KARSH, CAMERA PRESS LONDON: S. 270 | Sächsische Landesbibliothek Staats- und Universitätsbibliothek Dresden (SLUB), Deutsche Fotothek / Fotograf: Fritz Eschen: S. 230, 247 und Umschlagrückseite | Staatsarchiv Aargau / Ringier Bildarchiv, ATP © StAAG/RBA: S. 210, 229, 233, 237, 238, 239, 240, 248, 262, 263 | © VG Bild-Kunst, Bonn 2021: S. 9

Trotz sorgfältiger Recherche ist es nicht immer möglich, die Inhaber von Urheberrechten zu ermitteln. Berechtigte Ansprüche werden selbstverständlich im Rahmen der üblichen Vereinbarungen abgegolten.